公路工程施工标准化指南系列

Gaosu Gonglu Shigong Biaozhunhua Jishu Zhinan
# 高速公路施工标准化技术指南

Dier Fence　　Luji Gongcheng
## 第二分册　路基工程

交通运输部公路局

## 内 容 提 要

本书为《高速公路施工标准化技术指南》路基工程分册,系在现行高速公路路基工程设计、施工、验收等相关标准、规范的基础上,总结吸纳全国各地的实践经验和成果编制而成,图文并茂地对路基工程施工工序、技术、工艺和规范化管理的具体要求进行了说明,体现了现代工程管理的理念。本书对于提高建设管理水平,规范路基工程施工,消除安全隐患,保证路基工程质量有很好的指导作用。

本书适用于新建、改(扩)建高速公路项目的路基工程施工管理,也可供高速公路、一级公路的大中修工程及其他等级公路的管理与技术人员参考使用。

**图书在版编目(CIP)数据**

高速公路施工标准化技术指南. 第2分册,路基工程/交通运输部公路局组织编写. — 北京:人民交通出版社,2012.11

ISBN 978-7-114-10164-9

Ⅰ.①高… Ⅱ.①交… Ⅲ.①高速公路-道路施工-标准化管理-中国-指南②路基工程-道路施工-标准化管理-中国-指南 Ⅳ.①U415.1-62②U416.104-62

中国版本图书馆 CIP 数据核字(2012)第 250276 号

公路工程施工标准化指南系列

| | |
|---|---|
| 书 名: | 高速公路施工标准化技术指南 第二分册 路基工程 |
| 著 作: | 交通运输部公路局 |
| 责任编辑: | 孙玺 岑瑜 |
| 出版发行: | 人民交通出版社 |
| 地 址: | (100011)北京市朝阳区安定门外外馆斜街3号 |
| 网 址: | http://www.ccpress.com.cn |
| 销售电话: | (010)59757973 |
| 总 经 销: | 人民交通出版社发行部 |
| 经 销: | 各地新华书店 |
| 印 刷: | 中国电影出版社印刷厂 |
| 开 本: | 880×1230 1/16 |
| 印 张: | 5.5 |
| 字 数: | 115千 |
| 版 次: | 2012年11月 第1版 |
| 印 次: | 2022年9月 第13次印刷 |
| 书 号: | ISBN 978-7-114-10164-9 |
| 定 价: | 30.00元 |

(有印刷、装订质量问题的图书由本社负责调换)

# 《高速公路施工标准化技术指南》编审委员会

主 任 委 员：冯正霖

副主任委员：李 华　陈胜营　陈培健

委　　　员：黄祥谈　贾绍明　冯明怀　何 平　周荣峰
　　　　　　张竹彬　徐成光　艾四芽　黄成造　薛生高
　　　　　　陈 飚　李志强　缪玉玲　张 军

# 本册编写人员

主　　　编：冯明怀

副 主 编：王登科　张竹彬

参 编 人 员：杨荣尚　薛生高　张生辉　陈忠明　王学礼
　　　　　　王宝基　李国锋　徐冬云　陈 飚　谢功元
　　　　　　李志强　艾四芽　陈荣刚　王恒斌

# 序

在科学发展观指导下,各地交通运输部门积极探索转变公路建设发展方式的有效途径。部在总结各地经验的基础上,适时提出了推行现代工程管理的总体要求,明确了"发展理念人本化、项目管理专业化、工程施工标准化、管理手段信息化、日常管理精细化"的工作思路,并在全国范围内组织开展了高速公路施工标准化活动。

活动开展两年来,各地围绕施工标准化要求,从当地实际出发,细化施工过程控制,注重成熟工艺和先进技术的推广应用,着力解决质量通病问题,在实体工程质量、安全管理水平、文明施工面貌、职工队伍素质、社会经济效益等方面都取得了良好效果。

为全面总结推广各地施工标准化的成功经验,部公路局组织福建、广东、陕西、江苏等省共同编写了《高速公路施工标准化技术指南》一书。这套系列丛书由工地建设、路基工程、路面工程、桥梁工程、隧道工程五个分册组成,并附有施工组织设计、配合比设计、检测指标等参考附录,涵盖了高速公路建设的主要领域,兼顾了指标先进性和全国普遍性的要求,内容丰富,图文并茂,体现了当前高速公路施工标准化的新水平,是高速公路施工标准化活动阶段性成果的总结与凝练,对于深入推进标准化活动具有重要的指导作用。

当前,我国公路建设正处于快速发展的关键时期,坚持不懈地推动公路建设又好又快发展,不断满足经济发展、社会进步和人民群众日益增长的出行需求,是今后相当长时期内公路建设的主要任务。为此,必须以科学发展为主题,以加快转变发展方式为主线,以结构调整为主攻方向,大力推行现代工程管理,注重资源节约和保护环境,努力实现安全发展、高效发展、绿色发展、可持续发展。

公路建设要实现新的突破和转变,就要推广先进的理念和成熟的工艺,实行科学的管理和标准化的作业。希望广大公路建设者在认真贯彻《指南》要求的同时,不断总结实践经验,因地制宜,开拓创新,将公路施工标准化活动推向深入,在提高质量、确保安全、节能环保、降低成本等方面创造更多经验,为推进我国高速公路事业又好又快发展作出新的贡献。

2012 年 11 月 19 日

# 前 言

为加快推行现代工程管理,促进公路建设"发展理念人本化、项目管理专业化、工程施工标准化、管理手段信息化、日常管理精细化",提升工程质量、安全管理水平,树立行业文明施工形象,交通运输部决定自2011年起,在全国开展高速公路施工标准化活动,并组织编写《高速公路施工标准化技术指南》(以下简称《指南》)。《指南》共五个分册(工地建设、路基工程、路面工程、桥梁工程、隧道工程),是在现行公路工程标准、规范的基础上,针对工程质量通病和管理薄弱环节,充分吸纳了各地施工标准化的经验和成果,总结了近年来工程建设行之有效的成熟工艺、先进装备和制度措施,体现了现代工程管理的具体要求。

本书为《指南》第二分册路基工程,从一般规定、施工工序、施工要点等方面对施工和管理作出具体要求,优化施工组织和工艺流程,严格控制路基压实度、宽度、厚度、纵横坡度、平整度"五度"和桥涵台背回填、集中小型构件预制,加强防护工程动态设计和监测,注重保护环境。本册还兼顾各地特点,纳入部分特殊路基处理的内容。

本《指南》可供公路工程各参建单位、参建人员使用,各地对其中有关的具体指标可根据实际情况进一步细化或强化要求,对未尽事宜应予补充完善。使用过程中发现的问题和修改意见,请反馈至交通运输部公路局(北京市建国门内大街11号,邮编100736),以便修订时改进。

编 者

2012 年 11 月 12 日

# 目　　录

1 总则 ································································································· 1
2 施工准备 ·························································································· 2
　2.1 一般规定 ··················································································· 2
　2.2 测量放线 ··················································································· 3
　2.3 场地清理 ··················································································· 4
3 一般路基施工 ··················································································· 5
　3.1 一般规定 ··················································································· 5
　3.2 挖方路基 ··················································································· 6
　3.3 填方路基 ··················································································· 8
　3.4 填挖交界处理 ············································································ 13
　3.5 结构物台背回填 ········································································· 14
　3.6 临时排水 ·················································································· 15
4 特殊路基施工 ·················································································· 16
　4.1 一般规定 ·················································································· 16
　4.2 软土路基 ·················································································· 16
　4.3 黄土路基 ·················································································· 24
　4.4 膨胀土路基 ··············································································· 26
　4.5 冻土路基 ·················································································· 28
　4.6 岩溶地区路基 ············································································ 30
　4.7 沙漠路基 ·················································································· 31
5 冬、雨季路基施工 ············································································ 34
　5.1 一般规定 ·················································································· 34
　5.2 雨季施工 ·················································································· 34
　5.3 冬季施工 ·················································································· 36
6 改扩建工程路基施工 ········································································· 37
　6.1 一般规定 ·················································································· 37

| | |
|---|---|
| 6.2 施工准备 | 37 |
| 6.3 路基拼接施工 | 39 |
| 6.4 石方挖方路基拓宽 | 40 |
| 6.5 涵洞及通道拼接 | 41 |
| **7 排水工程** | **45** |
| 7.1 一般规定 | 45 |
| 7.2 地表排水 | 46 |
| 7.3 地下排水 | 48 |
| **8 防护与支挡工程** | **49** |
| 8.1 一般规定 | 49 |
| 8.2 边坡工程防护 | 49 |
| 8.3 边坡植物防护 | 57 |
| 8.4 支挡工程 | 60 |
| 8.5 抗滑桩 | 62 |
| **9 路基整修** | **64** |
| 9.1 一般规定 | 64 |
| 9.2 路堤整修 | 64 |
| 9.3 路堑整修 | 65 |
| **10 路基重点工程监测与观测** | **67** |
| 10.1 一般规定 | 67 |
| 10.2 软土路基 | 67 |
| 10.3 路堑高边坡 | 68 |
| 10.4 高路堤 | 69 |
| 10.5 预应力锚固工程 | 70 |
| 10.6 地下水位 | 71 |
| 10.7 抗滑桩 | 71 |
| **11 取、弃土场** | **73** |
| 11.1 一般规定 | 73 |
| 11.2 取土场 | 74 |
| 11.3 弃土场 | 75 |
| 附录 A 施工组织设计参考格式 | 76 |
| 附录 B 试验项目及主要仪器 | 77 |

# 1 总则

**1.0.1** 为规范高速公路路基工程施工,提高管理水平,保证施工质量安全,防治路基施工中常见的质量通病,结合全国高速公路路基施工的实际情况,编制本指南。

**1.0.2** 本指南依据国家、交通运输部等工程建设主管部门发布的与路基工程相关的文件、标准、规范、规程和技术指南及行业内采取的成熟和先进的施工工艺、工法、技术和管理办法编制。

**1.0.3** 本指南适用于新建、改(扩)建高速公路项目的路基工程,一级公路、高速公路的大中修工程及其他等级公路可参照执行。

**1.0.4** 路基施工必须严格遵守国家和行业的安全生产法律、法规,积极改善施工条件,制订切实可行的施工方案和安全生产措施,确保施工人员的安全和作业人员的身体健康。

**1.0.5** 路基施工要树立环保理念,坚持按照"统筹规划、合理布局、保护生态、有序发展"的原则,减少对当地的水土保持和生态绿化环境的破坏。

**1.0.6** 路基施工要体现区域的实际情况,着重从工序、技术、工艺和管理的角度入手,更加有效地消除路基施工的质量通病,提高施工管理水平。

**1.0.7** 路堑开挖边坡、软基处理、高填方路基工程,应采用动态设计和动态施工方案,与动态变形监测同步进行,并做好施工期间的变形监测工作。

**1.0.8** 路基施工应推广成熟、先进的施工工艺和工法,积极而慎重地应用新技术、新工艺、新材料,提高路基施工管理和技术水平。

**1.0.9** 在使用和执行本指南过程中,应严格执行公路工程相关设计、施工、试验、检测、测量等方面技术标准、规范、规程、规定;本指南未涉及内容应按相关技术规范执行。

## 2 施工准备

### 2.1 一般规定

**2.1.1** 路基工程开工前,应在全面理解设计要求和设计交底的基础上,进行现场调查与核对。根据设计文件、施工合同要求和现场实际情况,编制实施性施工组织设计,按规定程序进行报批。施工组织设计格式见本指南附录 A。

**2.1.2** 施工单位进场后,应配合建设单位组织设计单位、监理单位和沿线的地方政府,对涉及沿线厂矿企业、村组通行及农业生产的跨线桥、通道、涵洞等进行核查;并核查排水系统设计是否完善、合理,以及排水结构物的基础高程和走向,使全线的构造物满足功能要求,确保工程完工后不影响工程沿线地区的生产、生活。

**2.1.3** 修建生活和工程用房,解决好通信、电力、水的供应,修建工程所需的临时便道、便桥、预制场地、拌和站等,确保施工设备、材料、生活用品的供应,满足正常施工需要,并能够确保原有道路、结构物及农田水利等设施的使用功能。

**2.1.4** 施工单位应对各类施工班组、施工人员进行岗前培训和技术、安全培训,重点对电焊工、模板工、钢筋工等特殊工种进行岗前考核,并持证上岗。

**2.1.5** 施工过程中,施工原始记录与施工工序必须同步,工程现场验收与施工资料签认同步,对隐蔽工程必须保留相关音像资料。

**2.1.6** 各分项工程开工前,工程施工所需的各种材料、机械设备、人员应到位;应完成首件工程或试验段总结;施工方案和开工报告应按规定完成批复。

**2.1.7** 路基施工应做好临时排水总体设计。临时排水应与永久性排水设施相结合,与自然排水系统相协调。

**2.1.8** 应做好现场取、弃土场的位置选择。

**2.1.9** 绿化工程应做到"三同步":与路基工程同步准备,与路基边坡防护工程同步实施,与路基工程同步完成。

## 2.2 测量放线

**2.2.1** 基本要求

(1)施工单位应在工程开工前将现场调查和核对结果,在接管工地 14d 之内通知监理工程师;根据监理工程师提供的测设资料和测量标志,在 28d 内将复测结果提交监理工程师。

(2)对有异议的导线点,施工单位应及时报告监理工程师,由监理工程师确认最终解决办法;对有异议的水准点,施工单位应向监理工程师提交一份列有勘误的高程修正表,由监理工程师核定正确高程。

(3)施工单位应将施工中所有控制桩以及监理工程师认为对放样和检验有用的标志桩进行加固并保护,树立易于识别的标志。

(4)施工过程中,应保护好所有控制桩,并及时恢复被破坏的桩。

(5)控制点每半年至少应复测一次;季节性冻融地区在冻融后也应进行一次复测。

**2.2.2** 复测

(1)对设计单位提交的导线起终点、水准点,应与国家大地点(三角点、导线点)联测,相邻合同段应组织联测;对于所有导线点,应按照一级导线标准进行复测。

(2)当原有导线点、水准点不能满足施工要求时,须增设满足相应精度要求的附合导线点、水准点;对可能受施工影响的导线点、水准点,施工前应加以固定或改移,并满足其精度。

(3)沿路线每 500m 宜有一个水准点。在结构物附近、高填深挖、工程量集中及地形复杂地段,宜增设水准点,并应满足精度要求。

**2.2.3** 放样

(1)路基开工前,应认真核对长短链情况,按照现行《公路勘测规范》及《公路勘测细则》中有关规定,进行全段中线放样。

(2)施工单位应对原地面进行复测,并于开工前 28d 内将复测结果提交监理工程师审核。

(3)横断面测量应逐桩施测,断面布置数量及横向测点原则上应与设计对应,施测宽度应满足路基及排水设施的需要。

(4)对深挖高填路段,每挖填 3~5m 或者一个边坡平台(碎落台)应复测中线、高程和宽度。

(5)位于曲线段的防护工程,放样时应加密桩位。

## 2.3 场地清理

### 2.3.1 基本要求

（1）施工单位应按设计文件进行用地界桩放样,确定路基施工界线,保护监理工程师指定所要保留的构造物。

（2）在原地表未被扰动之前,施工单位应重测地面高程及横断面,并将与设计文件不符的填挖方断面及土石方调配方案提交监理工程师审核。

（3）施工单位应按工程量大小,合理划分施工段落;清理和拆除工作完成后,应报请监理工程师验收。

### 2.3.2 地表清理

（1）路基用地范围内的树木、灌木丛等,应在清表前砍伐或移植;砍伐的树木应堆放在路基用地之外,并妥善处理。

（2）路基用地范围内的垃圾、有机物残渣及农作物根系,应予以清除;原地表以下至少30cm的草皮、表土,应予以清除并有序集中堆放,以供土地复耕和绿化使用。

（3）路基范围内的坑穴,应填平夯实,并进行填前碾压,达到规定的压实度要求。

### 2.3.3 拆除与挖掘

（1）路基用地范围内的旧桥梁、旧涵洞、旧路面等结构物等应予以拆除;对正在使用的道路设施及构造物,应对其正常使用做出妥善安排后,方可拆除。

（2）原有结构物的地下部分,其挖除深度和范围应符合设计文件或监理工程师要求。拆除原有结构物或障碍物需要进行爆破或其他作业有可能损伤新结构物时,应在新建工程动工之前完成。

（3）对所有指定为可利用的材料,应有序堆置于指定区域。对废弃材料,施工单位应按监理工程师指示妥善处理。对于因拆除施工造成的坑穴,必须回填并夯实,并达到规定的压实度。

# 3 一般路基施工

## 3.1 一般规定

**3.1.1** 路基填筑必须水平分层施工,每层上料前均应用灰线打出方格网,并严格按方格网规定的数量上料,以控制松铺厚度;应按填料类型选择性能优良、吨位足够、匹配的压实设备,严格工艺控制,以保证压实质量。

**3.1.2** 路基主体完工后,应留有半年以上的工后沉降期。若工期紧时,应对路堤采用增压补强措施,确保路基沉降符合设计要求;否则不得进行路面施工。

**3.1.3** 路基工程完工后,建设单位应组织各参建单位对全线排水系统、边坡防护工程及桥涵工程进行核查,并应结合路基地貌状况及水文地质情况,对排水系统、防护工程进行完善。

**3.1.4** 应按照合同要求,依据设计文件和经批复的施工组织设计方案,准备好路基施工所需的挖除、填筑、运输、拌和、养护等设备,并做到设备检查、保养到位。

**3.1.5** 应对将要开工项目所需的材料按照进度计划提前准备好;土方工程的取、弃土场的施工便道应完成;填筑土方所选料场储量应满足要求,质量达到标准;构造物施工所需的外购材料试验结果应得到批复,材料应运至现场。

**3.1.6** 对于使用爆破法开挖的路段,应先查明空中缆线、地下管线的平面位置、埋设深度或高度,调查开挖边界线外的建筑物结构类型、居民等情况,制订详细的爆破技术专项安全方案,并经施工单位技术负责人批准后,报监理工程师审批。

**3.1.7** 爆破器材的存放地点、数量、警卫、收发、安全措施等,应报监理工程师审核,并经相关部门批准。

## 3.2 挖方路基

### 3.2.1 土质路堑

1）施工流程

土质路堑施工流程见图3.2.1。

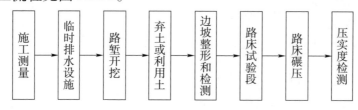

图3.2.1 土质路堑施工流程图

2）施工要点

(1)路堑开挖应根据实际地形、地貌在适当位置先行设置截水沟。截水沟应与排水系统顺接，确保排水通畅。按照动态的管理模式，应根据施工状况，及时维护和整修平台截水沟、坡面急流槽的施工，以确保已开挖边坡免受雨水冲刷影响。

(2)应根据地面坡度、地质、开挖断面、施工机械设备等及出土方向，结合土方调配距离，选用安全、经济、有序的开挖施工方案，以确保路堑边坡的稳定。

(3)路堑开挖应按设计断面测量放样，边开挖，边整形，以确保坡面平顺、稳定，不得产生亏坡等病害；路基表面应平整，边线顺适，曲线圆滑。

(4)经试验确定能够用于路基填筑的土质应分类开挖；不适宜作为路基填料的应按相关的规定处理。开挖应按自上而下的顺序进行，随挖随修整边坡，并及时对坡面进行复测，不得乱挖、超挖，严禁掏底开挖。

(5)在开挖至边坡线时，应预留30cm厚度以便刷坡，开挖一级、防护一级、绿化一级，并须保证边坡平台和坡面排水顺畅。

(6)当边坡开挖揭露土质、地下水等因素与设计地质资料不符时，应及时报告监理工程师，并综合其防护形式分析坡体稳定性考虑是否需要设计变更；坡体开挖过程中，应与边坡动态变形监测同步进行，做好施工期间坡体变形监测工作。

(7)开挖至路床部位时，应尽快进行路床施工；如不能及时进行，应在路床顶面以上预留至少30cm厚的保护层，待路床施工前挖除。

(8)路床施工前，应先开挖两侧排水边沟（纵向坡度不小于1%），及时将雨水排出路基外，防止雨水集积危害路床。在渗水量大的部位，应有针对性地设置仰斜排水孔，并在边沟底设置渗沟。

(9)当路床以下存在含水层或含水率较高时，应设置排水盲沟或采取换填、改良土质等处理措施。路床填料除应满足规范要求外，还应具有良好的水稳性和透水性能。

(10)填挖结合部应在路堑端挖台阶与填方路堤相衔接，台阶宽度根据原地面坡度大小确定，一般不小于2m，台阶平面应设置2%～4%的倒坡；路床顶面横向衔接长度不宜小于5m。

(11)取(弃)土场、护坡道、碎落台等,应按设计要求施工,外形整齐、美观,以防止水土流失。

(12)窑洞或墓穴均应挖至底部,并采用合适填料分层夯填。

### 3.2.2 石质路堑

1)施工流程

石质路堑施工流程见图3.2.2。

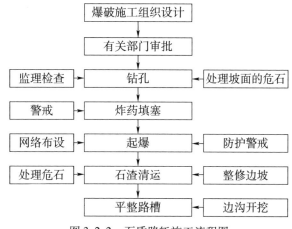

图3.2.2 石质路堑施工流程图

2)施工要点

(1)应根据岩石的类别、风化程度和节理发育程度等确定开挖方法。石方爆破开挖应以光面爆破、预裂爆破技术为主,禁止使用大爆破施工方法,严防超爆;软弱、松散岩质路堑宜采用分层开挖、分层防护和坡脚预加固技术。边坡上不得有松石,竖孔炮眼残留率不低于85%;对于中硬质岩石,边坡不平整处采用2m直尺检测,最大间隙不应超过15cm,软质岩石不应超过10cm。

(2)爆破施工宜按以下顺序进行:测量标定炮孔位置、钻孔、炮孔检查、爆破器材准备、装药、连接爆破网络、布设安全岗哨、炮孔堵塞、爆破覆盖、起爆信号、起爆、消除瞎炮、处理危石、解除警戒、石方清运、爆破效果分析及资料记录。

(3)挖方边坡应从开挖线往下分级清刷边坡,每下挖2~3m,应对新开挖边坡进行刷坡。对于软质岩石边坡,可用人工或机械清刷;对于坚石和次坚石,可使用炮眼法、裸露药包法爆破清刷,并清除危石、松石。清刷后的石质路堑边坡,不应陡于设计规定。

(4)拉槽法开挖应自拉槽的两端中部首先起爆,形成数个临空面,然后采用深孔梯段爆破,向拉槽中部推进。拉槽施工必须采用竖孔爆破方式,严禁采用平孔爆破。在距设计坡面线3~5m范围内,必须采用光面爆破。对于未设防护工程的边坡可取消台阶,按第一级台阶的坡率一坡到底。光面爆破要求竖孔炮眼的间距应不大于1m;如过量超挖,应采用浆砌片石衬砌已超挖的坑槽。

(5)应根据设计的炮位、直径和孔深打眼,使用潜孔钻钻孔。当工程量小、工期允许时,可采用人工打眼,但必须得到监理工程师书面批准。

（6）石质路堑靠近路床顶面时,宜使用密集小型排炮施工,炮眼底高程宜低于设计高程 10～15cm。装药时,宜在孔底留 5～10cm 空眼。装药量按松动爆破计算。

（7）石质路床有裂隙水时,应采用横向渗沟连通边沟下的主渗沟。横向渗沟宽不宜小于 30cm,沟底流水坡度不宜小于 1%,接口处的高程不得高于主渗沟的沟底流水面。如渗沟低于边沟,则应在路肩下设纵向渗沟,沟底应低于深坑洼底至少 10cm,宽度不宜小于 60cm；纵向渗沟由填方路段引出。渗沟应填碎石,并与路床同时碾压到规定的压实度。

（8）每次爆破完毕后,及时组织人员、机械进行爆破石方的清运,测量高程；高出设计高程的应辅以人工凿平、铲出。低于高程的应采用级配碎石填筑,碾压密实稳固。边坡的修整,边坡表面的破碎岩石应全部清除,按设计要求进行刷坡,开挖排水沟。

（9）废弃的爆破石渣应运至指定位置,并按设计要求堆放。

3）爆破注意事项

（1）应及时收集现场的各种数据,加以分析,对各种爆破方式进行比较；对起爆顺序和起爆方式要进行多次比选,以达到最佳效果。

（2）对爆破所需的各种材料应进行严格的检查,必须有出厂合格证书。使用电雷管和导爆索之前,必须要进行检测,无问题后方可使用。

（3）爆破的施工技术人员、现场操作人员必须经过岗前培训,并取得资格证书。

（4）在现场施工时,起爆网络应严格按要求和规范进行连接；在爆破前,应检查起爆网络、周边环境以及安全警戒设置等情况,无问题后方可施爆。

（5）加强对装药过程的管理：严格按设计药量来控制,不能少装或多装,间隔段填充物要均匀；应按岩石粉的自然密度来装,不能捣实；堵塞的长度要符合规定要求。

## 3.3 填方路基

### 3.3.1 基本要求

（1）填方路基应优先选用级配良好的砾类土、砂类土等粗粒土作为填料；当采用细粒土填筑,当 CBR 值不满足规范要求时,宜掺用石灰、水泥、粉煤灰等无机结合料进行改良；桥涵台背和挡土墙墙背应优先选用透水性材料、轻质材料等；浸水路堤应选用渗水性良好且不易被冲刷的材料填筑。

（2）路堤施工应按路基设计横断面整幅填筑,禁止半幅施工。不同的填料应水平分层、分段填筑。同一层路基的全宽范围内应采用同一种填料,不得混合填筑。

（3）各标段之间和各作业段之间填筑层衔接时,每层搭接长度应不得小于 2m。每层碾压都必须压至边缘,逐层收坡,后填段填筑时应把交界面挖成 2m 宽的台阶,分层填筑碾压；当两段同时施工时,应交替搭接,搭接长度不小于 5m。应加强搭接线两侧各 20m 范围的压实控制,应比同层位规定压实度值提高 1%。

（4）路基每侧应按规范要求超宽填筑不小于 0.5m；土方填筑至路床顶后,及时进行边坡修整,以达到满足设计要求的坡率。

（5）做好临时排水,路基两侧应做挡水埝,每 50m 用砖砌等设置一道临时急流槽,防止冲刷路基边坡。

（6）对于V形沟槽清表后，应采用强夯作业，直至工作面能够进入大型压实机具开展施工。

（7）高填方路堤应优先采用强度高、水稳性好的材料。对填土高度大于8m的路基，应采用强夯、碎石层等方法加强地基处理，施工过程应进行沉降观测。

（8）台背与路基结合部、分段作业结合部、标段结合部、填挖交界结合部，应作为路基施工质量关键控制部位。

（9）泥页岩、千枚岩等不宜用作路基填料。如果条件受限，须通过CBR等试验确定，并应填筑在原地面1.5m以上、路床顶面1.5m以下范围内，其上、下及周边应有完善的封闭措施，以防止雨水渗入；碾压应选用激振力大于550kN（55t）的拖式振动碾压设备，松铺厚度应不得大于30cm，以确保压实质量。

### 3.3.2 施工工序

填方路堤施工流程见图3.3.2。

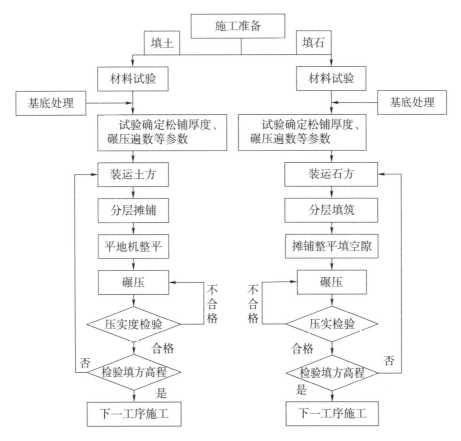

图3.3.2 填方路堤施工流程图

### 3.3.3 试验路段

（1）在路基开工前，应选择地质条件、断面形式等具有代表性的路段进行试验段施工。

（2）基底经检验合格后，应根据自卸车容量计算堆土间距，在施工路段打上网格，均匀卸土,用推土机按设计松铺厚度在整个路基宽度内进行摊铺。土方摊铺后用平地机整平,形成路拱,经测定厚度后,在最佳含水率时进行碾压。

(3)碾压时,应采用振动压路机进行施工。碾压过程中,应测定并记录不同阶段路基土方密实度及碾压后土层厚度,直至达到规定的密实度为止。

(4)试验路段完成后,应及时对试验路段施工资料进行总结,以确定适宜的施工工艺参数。试验段总结报告的主要内容如下:

①试验段基本概况;
②原材料试验资料及标准击实试验资料;
③应根据压实机具型号规格,在不同含水率、不同填筑厚度、不同碾压遍数上确定最佳机械组合,以及每次上料、整平和碾压的适宜工作段长度;
④压实工艺主要参数包括:虚铺厚度、碾压遍数、碾压速度、最佳含水率、含水率允许偏差等;
⑤压实次数—压实度、含水率—压实度关系曲线;
⑥施工过程质量控制指标及控制方法,质量评价指标及评价标准;
⑦优化后的施工组织方案及施工工艺;
⑧施工原始记录、检测记录;
⑨相关建议和意见。

(5)将试验段施工总结上报监理工程师批准后,路基方可展开大规模施工。

### 3.3.4 填土路堤

(1)严禁使用含草皮土、生活垃圾、树根和腐殖土;不得采用淤泥、泥炭、冻土、强膨胀土、有机质土及易溶盐超过允许含量的土。

(2)应根据设计要求,结合路基排水和当地土地规划、环境保护要求,尽量利用荒坡、荒地。取土深度应根据用土量、取土场面积并结合地下水等因素考虑。原地面若属于耕植土,应将表面30~40cm表层土挖出集中存放,以利再用。取土场应有规则的形状及平整的底部,不得有积水,边坡应按设计坡率修整。

(3)下承层经检验合格后,应根据试验路确定的松铺厚度及自卸车容量计算卸料间距卸料,用推土机依据松铺厚度"高程台"(或标尺)在整个路基宽度内进行摊铺;应采用平地机进行精细整平,形成路拱,虚铺厚度经检测合格后方可进行碾压作业。

(4)碾压前,应检测填料含水率,压路机的碾压行驶速度不得超过4km/h,碾压应做到无漏压、无死角。达到规定碾压遍数及压实度,并经监理工程师抽检合格后,方可进行下道工序。

(5)填方作业应分层平行摊铺,分层填筑的各层间应平整,符合横、纵坡要求。如原地面不平,应由最低处分层填筑,每填一层,经压实度检测合格并经监理工程师抽检同意之后,方可再填上一层,并处理好接茬。

(6)上料区、摊铺区、碾压区应按要求设置明显标识牌。上料区应画网格,设置标牌,见图3.3.4-1。路基施工作业见图3.3.4-2。应设置报检标示牌,注明施工段落起止桩号、层次、规定压实度、技术负责人以及现场监理工程师等。

(7)横坡陡峻地段的半填半挖路基,应按设计要求开挖台阶。台阶宽度应不小于2m,内倾坡度应不小于4%。

图 3.3.4-1 上料区划网格,设置标牌

图 3.3.4-2 路基施工作业

(8)当路堤分几个作业段施工时,在两段交界处,则先填段应按1∶1坡度分层填筑,碾压到边,并逐层预留2m宽的台阶收坡。当两段同时施工时,应交替搭接,搭接长度应不小于5m,并应加强搭接位置的碾压。

(9)石灰改良土作为路基填料时,石灰和土必须符合规范要求,且石灰掺量必须满足设计要求。

(10)石灰土路基宜采用拖式振动碾压设备压实,见图3.3.4-3。如施工条件受限制时,可采用自行式羊角碾,须严格控制压实厚度和质量。石灰土施工应采用连续施工,每层施工前,应对下承层表面进行洒水;若不能连续施工,每层碾压完成后或石灰土全部施工完后,应采用塑料薄膜覆盖养生,见图3.3.4-4。

图 3.3.4-3 拖拽式羊角碾施工

图 3.3.4-4 灰土路基覆盖养生

(11)不同性质的土应分层、分段填筑。同一水平层路基的全宽应采用同一种填料,不得混填。每种填料层累计总厚不宜小于0.5m。

(12)零填路基上下路床0~80cm范围内的压实度,不应小于96%。如不符合要求,应翻松后再压实,使压实度达到规定的要求。

### 3.3.5 填石路堤

(1)填石路堤不应采用膨胀性岩石、易溶性岩石、崩解性岩石和盐化岩石等作为填料；填料粒径应不大于250mm，并不宜超过层厚的2/3，不均匀系数宜为15～20，路床填料粒径应不大于100mm。

（2）填筑时，应配备大功率推土机及重型压实机具，避免出现粗细颗粒离析。应严格控制填筑厚度、压实遍数，用压实沉降差或孔隙率指标检测压实质量。

（3）填石路基宜用自卸汽车从一端上料向前推进，大型推土机应按试验路确定的松铺厚度摊铺，边上料、边推铺；应人工剔除（或破碎）超粒径石料；避免出现粗细颗粒离析现象。

（4）中硬、坚硬石料填筑的路堤应进行边坡码砌，边坡码砌石料强度不低于30MPa，最小边尺寸应大于30cm，块形规则。对于填高小于5m的填石路堤，边坡码砌厚度应不小于1m；填高5～12m的填石路堤，边坡码砌厚度应不小于1.5m；填高大于12m的填石路堤，边坡码砌厚度应不小于2m。边坡码砌与路基填筑应同步进行，见图3.3.5。

图3.3.5 填石路基边坡码砌

（5）当填料岩性相差较大，特别是岩石强度相差较大时，应将不同岩性的填料分段填筑，不得混填。

（6）路堤逐层填筑时，应安排好石料运输路线，有专人指挥，按水平分层，先低后高，先两侧后中央上料，并用大功率推土机摊平。个别不平处应配合细石块、石屑找平。

（7）当级配较差、料径较大、石块间存在明显空隙时，应在空隙中填入石渣、石屑或中粗砂。

（8）人工铺填石料时，应先铺填大块石料，大面向下，摆平放稳，再用小石块找平，石屑塞缝，最后压实。

（9）填石路堤的质量检测，应采用施工参数和水袋法、沉降法联合控制。路堤表面不得有明显孔洞，大粒径石料不得松动；边坡码砌紧贴、密实，无明显孔洞、松动，砌块间承接面应向内倾斜。

### 3.3.6 砂砾路基填筑

（1）砂砾路堤应采用级配良好的天然砂砾，级配不良时应掺配。天然砂砾含泥量填在原地面以上2m范围内应不大于10%、其余部分应不大于15%，砾石含量应不少于45%～60%，最大粒径路床应不大于100mm、路堤应不大于150mm。对台背回填、软基处理垫层等有特殊透水要求的部位，砂砾含泥量、砾石含量、最大粒径要求应适当提高。

（2）砂砾路基施工，每个作业面应至少备有振动压路机2台、平地机1台、推土机1台、洒水车2辆。

（3）应根据试验路段确定的松铺厚度、碾压遍数等参数进行施工。一般每层松铺厚度不宜超过30cm。

(4)应在料源或运输车辆上配置"人字形"筛,筛除超粒径颗粒。

(5)在填筑过程中,应插杆挂线、设置厚度控制墩,见图3.3.6-1和图3.3.6-2,以便控制填筑宽度和厚度;每填筑一层,应及时进行压实度检测,并做好排水横坡及临时排水。

(6)每填筑3层,应对高程、横坡、宽度等指标进行检查。

图3.3.6-1 填筑过程中插杆挂线

图3.3.6-2 设置厚度控制墩

### 3.3.7 高填方路堤

(1)高填方路段的压实标准应不低于规范规定值。

(2)宜优先选用强度高、水稳性好的材料或采用轻质材料。

(3)施工过程应进行沉降观测,按照设计要求控制填筑速率。沉降观察测点的布置应按相关要求进行,观测资料应提供监理工程师。

(4)高填方路堤应优先安排施工,尽早完成。

(5)对大于8m的高填方路基,必须采用冲击式压路机进行冲击补强。当填土平面长或宽大于等于80m,且冲击碾压深度2m内无涵洞或其他构造物时,路基每填高2m应冲碾一次。填石路基应每填高3m冲碾一次,砂性土及含水率高的黏性土不适宜采用冲击增强碾压。

## 3.4 填挖交界处理

### 3.4.1 横向半填半挖

(1)填挖结合部或半填半挖路段的路基施工,宜采用先挖台阶—分层回填—开挖路堑的施工工艺,尽量扩大回填作业面;杜绝出现原地表清理不彻底或漏压、欠压现象,以加强填挖结合部位工程质量的控制。

(2)应认真清理半填断面的原地面,将原地面翻松或挖成台阶。台阶开挖高应不大于2m、宽度应不小于2m。

(3)必须从低处往高处分层摊铺碾压,拼接缝两侧各不小于5m范围压实度可适当提高。

(4)开挖时,必须待下部半填断面原地面处理好,经监理工程师检验合格后,方可开挖上部挖方断面。

（5）石方山坡，应清除原地面松散风化层，按设计开凿台阶。

### 3.4.2 纵向半填半挖

（1）按设计要求处理原地面，处理长度应依据填土高度和原地面坡度而定。

（2）填方应分层填筑，填挖交接处应挖成台阶处理，见图3.4.2-1和图3.4.2-2，台阶宽度应不小于2m。

图3.4.2-1　横向预留台阶　　　　　　　　图3.4.2-2　纵向预留台阶

（3）填、挖交界处的开挖，必须待填方处原地面处理好，并经监理工程师检验合格后，方可开挖挖方断面。

（4）纵向填、挖交界处填筑（或深坑回填）时，应铺设土工格栅，土工格栅搭接长度不小于30cm，向两侧位置延伸不小于10m，交界处两侧各不小于5m范围压实度可适当提高。

## 3.5　结构物台背回填

### 3.5.1　台背回填范围

（1）通道、涵洞工程：顶部长度不小于台高 +2m。底部为基础外沿3～5m。

（2）桥梁工程：顶部长度不小于台高 +2m，底部为基础外沿不小于2m。

### 3.5.2　施工要点

（1）桥涵填土的范围必须严格按照设计文件执行，并做好过渡段。过渡段路堤压实度应不小于96%，同时纵向和横向防排水系统应连接通畅。

（2）台背回填应慎重选择填料，宜采用强度和水稳定性好的材料。宜采用天然砂砾、粒径小于15cm的石渣、水泥稳定类的半刚性材料填筑或灰土回填。

（3）应严格分层填筑，严禁向坑内倾倒，每层最大松铺厚度应不大于20cm。应在结构物墙身上左、中、右位置，用红、白油漆相间画出每层压实厚度控制标线，并标注层位编号，如图3.5.2所示。与路堤交界处应预留台阶，台阶宽度应不小于2m，台阶高度应不大于1m、内倾2%～4%。

（4）台背填土的顺序应符合设计要求。梁式桥的轻型桥台台背填土,应在梁体安装完成后两侧对称回填;柱、肋式桥台台背填土,宜在台帽施工前,柱、肋周围对称、平衡地进行。桥台背和锥坡的回填施工宜同步进行,一次填足并保证压实整修后能达到设计宽度。台背回填部分的路床宜与路堤路床同步填筑。

（5）回填施工应采用大型压路机为主、小型压实机具配合进行压实。采用小型夯实机具夯实铺筑厚度应不得大于10cm。

（6）回填前,八字墙、一字墙以及支撑梁必须完成,梁板架设前最多对称回填至1/3墙高。回填应与路基同步施工,不能同步时应严格按要求开挖台阶。

图3.5.2　台背回填

（7）涵洞应在盖板安装或浇筑后,在洞身两侧对称分层回填压实。当顶面填土压实厚度大于50cm时,方可使重型机械通过。

（8）回填过程中,应防止雨水浸泡,回填结束后顶部应及时封闭。

## 3.6　临时排水

**3.6.1**　路基施工期间,应保证施工范围内以及取土场排水的畅通,采取临时性排水和永久性排水设施相结合的方式;具备条件时,应优先采取永久性排水设施排水。

**3.6.2**　应重视地表水和地下水的处理。对于地表水以及可能发生的雨水径流,应预先做好排水沟及出水口,如不能在填筑前做好的小桥涵,则应做好临时管涵或盲沟,并在边坡坡脚处应做好临时排水沟及防护措施。

**3.6.3**　路基开挖施工前,应按设计要求施工截水沟,完成临时排水设施,确保施工面不积水。

**3.6.4**　应重视施工过程中的边坡排水。应预先做好排水边沟,引导水流从急流槽流下或引导至排水管涵,避免雨水冲刷边坡。

**3.6.5**　高路堑地段,应在渗水量大的部位有针对性地设置仰斜式排水孔,在边沟底设置复式渗沟。路堑两侧均应设置纵向盲沟,含水路段应加大盲沟深度至路床下2～3m,坡顶截水沟在路堑开挖前必须完成。

**3.6.6**　膨胀土路段挖方的坡面,宜采用窗口式骨架护坡,并设置支撑渗沟。

# 4 特殊路基施工

## 4.1 一般规定

**4.1.1** 软土路基的类型较多,各地处理的方式和经验不同,在施工时应按设计要求选择合理的处理方案,或参考规范选择符合实际的方式。

**4.1.2** 特殊路基施工,应进行基础试验,编制专项施工组织设计,经批准后实施。

**4.1.3** 应做好充分的技术准备工作。调研当地类似工程处理经验,在充分试验、论证、咨询的基础上,对设计方案进行优化、完善。

**4.1.4** 在实施过程中,如实际地质情况与设计不符,或设计方案因故不能实施,应按有关规定进行优化、报批。

**4.1.5** 采用新技术、新工艺、新设备、新材料时,应制订相应的施工工艺和质量控制标准。

## 4.2 软土路基

**4.2.1** 挖除换填
1)适用范围
适用于厚度小于3m的不良软土。
2)材料要求
(1)碎石:粒径宜为19~63mm,含泥量不大于10%。
(2)砂砾:天然级配砂砾,最大粒径小于100mm,含泥量不大于5%,砾石强度为洛杉矶法磨耗率小于60%。
(3)石渣:最大粒径不大于100mm,石料单轴饱水抗压强度不小于30MPa。
3)施工要点
(1)应挖除原地面以下一定范围内的不良土体。
(2)应在基底上铺筑一层粒径较大的片石或卵石,碾压稳定后再分层填筑符合要求的透水性材料,透水性材料回填高度应高出地表水位以上50cm,分层铺筑压实厚度不得超过20cm,压实度必须达到设计或规范要求。

(3)换填应宽出路基边脚不少于0.5m。

### 4.2.2 垫层

(1)应按设计要求,在清理的基底上铺筑符合要求的水稳定性材料,分层铺筑、压实,并宽出路基边脚不少于0.5m,两侧端应按设计防护。

(2)施工中应避免砂或砂砾受到污染,污染严重的应换料重填。

### 4.2.3 反压护道

(1)施工前应对原地面进行清理。

(2)反压护道应与路堤同时填筑;填料应符合设计要求。填筑时应分层,分层松铺厚度应经试验确定,逐层压实,压实度应符合设计要求。

### 4.2.4 砾(碎)石桩施工

1)应采用砾(碎)石粒径为2~8cm,且2~5cm粒径质量占粒料总质量50%以上,含泥量≤5%。

2)施工设备应按照软土地基处理面积进行配置。对四车道高速公路,一般按100m配备1台振动沉桩机作为成孔设备,每台沉桩机配小型装载机1辆,发电机1台。

3)施工工序,砂桩、砾(碎)石桩施工流程见图4.2.4。

(1)场地平整及桩位放样。清理平整场地后按照设计的桩位、桩间距、数量现场放样,并经监理工程师验收。

(2)成桩机就位。原地表过湿软路段应先铺设碎石垫层,确保振动沉桩机就位后稳定牢固,移动振动沉桩机及导向架,使桩管及桩尖对准桩位,用线锤吊线检查桩管垂直度。

(3)启动振动锤。将桩管边振动边沉入土层,每下沉0.5m留振30s,沉入速度控制在2~3m/min,直到设计深度后稍上提桩管,桩管下端的活瓣桩尖打开,以减少桩管起拔摩阻力。

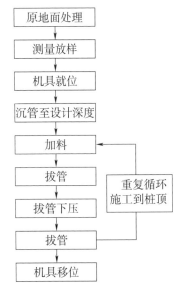

图4.2.4 砂桩、砾(碎)石桩施工流程图

(4)停止振动,向桩管内装入规定数量的碎石(砂)料,数量由试桩确定。

(5)开始振动拔管。将桩管提升到一定高度(不超过2m),提升时桩尖自动打开,桩管内的碎石(砂)料流入孔内;提管速度、高度由试桩确定。

(6)振动下沉桩管,利用振动及桩尖的挤压作用使碎石(砂)密实;落管高度及留振时间由试桩确定。

(7)重复(5)、(6)两道工序,桩管上下运动,碎石(砂)不断补充挤密,直至桩顶完成单桩施工。施工过程中,应严格控制拔管高度、拔管速度、压管次数和时间、填入料数量、电机工作电流,以保证桩体均匀、连续、密实。

(8)施工过程中,桩体材料应分批加入,每次加料量一般为1m桩长的填料。碎石(砂)灌入总量和密实度应不小于设计值。

(9)施工过程中,应记录沉管深度、制桩时间、每次碎石(砂)灌入量、反插次数、电流值等指标。监理工程师实行全过程旁站,并做好详细的施工记录。

(10)施工过程中,应及时调整桩长,确保每根桩的桩底高程均伸入软弱土层下的持力层1.0~1.5m。

4)施工要点如下:

(1)砾(碎)石桩必须针对不同的设计段落施工试验桩,以确定桩长、成桩时间、砾(碎)石投入量、施工顺序、单桩及复合地基承载力等参数。

(2)应按图纸要求进行放样,桩位放线并编号,撒石灰定位,并绘制施工布点图。

(3)砾(碎)石桩应采用振动沉管法施工,施工顺序为先外排后里排,隔排隔桩跳打的方法。

(4)桩体应连续密实,不得有断桩、缩径、夹砂等缺陷。

(5)碎石桩施工完成后,其顶部应按照设计要求铺设垫层。由于排水固结作用,原地面将产生下沉,应根据下沉情况调整垫层厚度,保证在原地面以上有300mm厚垫层。在整个施工过程中,应保证碎石料不被周围土体污染。

(6)砾(碎)石桩施工过程中,应随时检查施工记录,对每根桩的质量进行评定,不合格桩要采取加桩处理。

### 4.2.5 水泥搅拌桩

1)设备要求

进场后,应对施工机械设备配套情况、完好率情况等进行检查,认真核查桩机的主要技术性能,确保所用机型能满足施工要求。每台桩机必须配备电脑数据记录仪。

2)材料要求

采用强度等级为32.5及以上的普通硅酸盐水泥。

3)施工准备

(1)技术准备:施工人员必须熟悉设计图纸、技术规范、施工方案、工艺要求等。按要求在室内进行配比试验,确定满足设计要求的最佳水灰比、水泥掺入量。应做好测量放样工作,绘制出水泥搅拌桩平面布置图,标出醒目标志以利查找。

(2)场地准备:施工段落在清表后应将场地整平。当地基表层有淤泥或软弱层时,应清淤后回填。场地应做好排水坡,挖设排水沟,保证场内不积水。

4)施工流程

水泥搅拌桩施工流程见图4.2.5。

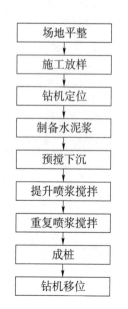

图4.2.5 水泥搅拌桩施工流程图

(1) 钻机定位：钻机安装调试，检查转速、空压设备、钻杆长度、钻头直径等，并连接好输浆管路，将钻机移到指定位置；钻杆端必须对准桩位中心，垂直度偏差小于0.5°。

(2) 制备水泥浆：水泥浆液应按设计配合比拌制，水泥浆拌和时间不得少于5min，不得离析、沉淀，停置时间不得超过2h；灌入浆液时应加筛过滤。

(3) 预搅下沉：待搅拌机及相关设备运行正常后，启动搅拌电机，使搅拌机旋转切土下沉。钻进速度一般应控制在0.4~0.7m/min。拌机下沉时，开启灰浆泵将水泥浆压入地基中，边喷边旋转。

(4) 提升喷浆搅拌：提升喷浆搅拌，搅拌机下沉到达设计深度后，开启灰浆泵将水泥浆压入地基中，边喷边旋转；提升喷浆过程中的喷浆量应达到设计要求，并按以50~60 r/min的转速和 $v=0.7~0.8$m/min 的速度，边提升边注浆，直至设计桩长。成桩要控制搅拌机的提升速度和转速，使连续均匀，以控制注浆量，保证搅拌均匀，同时泵送必须连续，喷浆压力应不小于0.4MPa。

(5) 复喷复搅：当钻头提升至距离原地面50cm左右时，再重新边喷浆边搅拌至桩底，在桩底搅拌、连续喷浆1~2min，搅拌头自桩低反转，边喷浆边旋转，并以50~60r/min的转搅拌轴转速和 $v=0.7~0.8$m/min 的速度提升搅拌机，最后搅拌提升至地面，并做好施工记录。

(6) 机具移位：钻机移位，重复以上步骤，进行下根桩的施工。

(7) 机具清洗：当施工告一段落后，清洗全部管路中的残存水泥浆，并将黏附在搅拌头上的软土清洗干净。

(8) 桩头处理：桩体强度达到设计强度70%后，人工对搅拌桩桩头超灌部分进行凿除，并清除现场多余土层；待满足各项检测设计要求后，填筑卵、砾石垫层。

5) 质量检测

(1) 成桩3d内，用轻型动力触探(N10)检查每米桩身的均匀性，检查频率为每段落内总桩数的1%且不少于3根。

(2) 成桩7d后，采用浅层开挖、目测检查桩体搅拌均匀性、整体性及外观质量，并测量成桩直径。开挖深度为停浆面以下1.5m处。检查频率为每段落总桩数的5%。

(3) 成桩28d后，钻芯取样做无侧限抗压强度试验，每根桩取3处，即距桩顶及桩底1.0m处，桩中间，每处取2个试件。检验频率为每段落总桩数0.1%，且不少于1根桩。同时检查搅拌均匀性、桩长及桩底是否穿过软土层。

(4) 成桩28d后，对单桩承载力及复合地基承载力进行检测。检测频率为每施工段总桩数的0.1%，且不少于3根。

6) 施工要点

(1) 施工前，应根据现场情况，选择具有代表性的段落进行试桩；试桩不少于5根，以掌握成桩工艺，取得满足设计喷入量的钻进速度、提升速度、搅拌速度、喷浆压力、单位时间喷浆量等技术参数，选择合理的技术措施。

(2) 地质发生变化、桩长须进行调整时，应采用工作密实电流加以控制，进入硬层深度≥50cm。

(3)当成桩过程中发生意外事故(如提升过快、送浆道路堵塞、断电等),影响桩身质量时,应在6h内采取补救措施,补桩喷浆重叠长度不得小于1m,否则应重新打设。新桩距旧桩的距离应不得大于桩距的15%,并填报在施工记录表内备查。

(4)施工时应详细、填写水泥搅拌桩施工记录表。

### 4.2.6 塑料排水板

1)施工准备

(1)施工场地准备:清除原地面后,测量、放样并排水疏干。填筑路拱排水垫层,形成同路拱或横坡相同的坡度,碾压密实。

(2)施工机械及材料准备:

施工机械:可选用DZ60KS打拔桩机或IJB-16型插板机进行施工。

材料准备:对采用的塑料插板进行验收,其品种、规格和质量应符合设计要求。

(3)开工前,应选择具有代表性的路段进行试验,总结施工工艺、质量控制措施,检测实施效果,试验总结报告审批后全面开工。

2)施工流程

塑料排水板施工流程,见图4.2.6-1。

3)施工主要工序

(1)机具定位:根据布板的范围和间距,放出每个板的准确点位,插板机械应依据从低往高处打设的原则安设,定位时要保证桩锤中心与地面定位在同一点上,并用经纬仪或其他观测办法控制桩锤与塔架的垂直。

(2)塑料板与桩尖连接:在塔架插板卷筒上安装塑料板,将塑料板通过套管从管靴穿出,固定在桩尖上,并一起贴紧管靴对准板位。

(3)沉管插板:开始时沉管下沉速度要缓慢;套管入土深度距设计深度约2m时,要减慢沉管速度,防止超深或碰上基岩时能及时采取措施。

(4)拔管剪断塑料板:沉管到设计深度后即可拔管;套管拔出后剪断塑料板,在砂砾石垫层上留出20~30cm。拔管时应连续缓慢进行。

(5)铺设第二层砂砾石垫层:整段软土地基插板结束后,应均匀等厚铺设第二层砂砾石垫层,厚度一般为20~30cm,并按要求覆盖塑料插板。应采用压路机静压6~8遍,并检查其压实度,一般应达到90%以上。

(6)预压荷载:荷载应均匀地堆加在砂砾石垫层上。一般预压荷载为上部土石方填料,预压荷载采用变形控制,分层加载结束24h观察位移速率和水平位移速率是否符合规定值要求。

4)施工要点

(1)预制靴头可采用铁质或混凝土,将靴头套在空心套管端部,固定塑料排水板,并使其在下沉过程中能阻止泥砂进入套管。

(2)不得使用长度不够的塑料排水板,塑料排水板不得接长使用。

(3)插好的排水板伸入砂垫层应不得小于0.3m,插管形成的孔洞用砂填设;上拔导管带出的淤泥,予以清除,不得弃于砂垫层上,以免堵塞排水通道。

(4)现场施工中应严格控制好板距、板长、垂直度;打设过程中派专人监控,做好施工原始记录并及时收集整理。

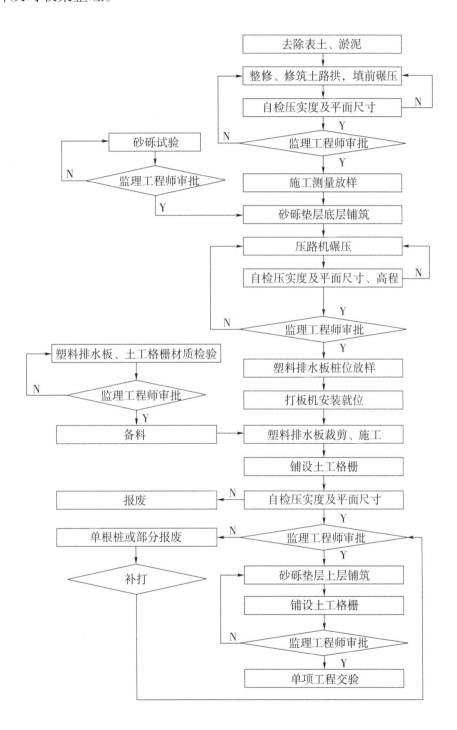

图 4.2.6-1　塑料排水板施工流程图

(5)塑料排水板的顶部伸入砂垫层长度应大于0.3m或符合设计要求。排水板与锚销连接应可靠,锚销与导管下端口密封严密,以免进泥。

(6)拔管时应防止带出排水板;当带出长度大于 0.5m 时,必须重新补打。

(7)应及时清除排水板周围带出的泥土并用砂子回填密实,不得污染外露的排水板。

图 4.2.6-2 塑料排水板施工图

塑料排水板施工见图 4.2.6-2。

**4.2.7 水泥粉煤灰碎石(CFG)桩施工**

1)一般要求

(1)核查地质资料,结合设计参数,选择合适的施工机械和施工方法。

(2)测量放样,平整场地,清除障碍物。

(3)选用的水泥、粉煤灰、碎石及外加剂等原材料,应符合设计要求,并按相关规定进行检验。

(4)按设计要求进行室内配合比试验,选定合适的配合比。

(5)施工前应进行成桩工艺试验,确定施工工艺和参数;试桩数量应符合设计要求,且不得少于两根。

2)振动沉管灌注施工

(1)振动沉管施工工序(图 4.2.7-1)

(2)振动沉管灌注施工要点

①振动沉管至设计深度。沉管过程中每沉 1m 应记录电流表电流一次,并对土层变化处予以记录。

②采用搅拌机拌和水泥、粉煤灰、碎石混合料,检查其坍落度。坍落度、拌和时间应按工艺性试验确定的参数进行控制,且拌和时间不得少于 1min。向管内一次投放混合料,投放数量按试桩时确定的数量进行,投料后留振 5~10s。

③拔管速率应按试桩确定参数进行控制,拔管过程中不允许反插;如上料不足,须在拔管过程时空中加料,不允许停拔再投料;应均匀拔管至桩顶。施工桩顶高程宜高于设计高程 50cm,浮浆厚度不超过 20cm。

④桩顶采用湿黏土封顶。

3)长螺旋钻管内泵压混合料灌注施工

(1)施工工序见图 4.2.7-2。

(2)施工要点如下:

①钻至设计深度,停钻。

②搅拌水泥、粉煤灰、碎石混合料,检查其坍落度。向管内泵送混合料,混合料的泵送量按试桩确定的数量进行,泵送时不得停泵待料。

③拔管速率应按试桩确定参数进行控制,拔管速度均匀,拔管至桩顶。施工桩顶高程宜高于设计高程 50cm。

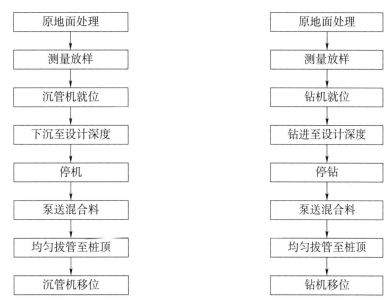

图 4.2.7-1 CFG桩振动沉管灌注施工流程图　　图 4.2.7-2 CFG桩长螺旋钻管内泵压混合料
灌注施工流程图

4）质量控制

（1）CFG桩的数量、布置形式及间距应符合设计要求。

（2）桩长、桩顶高程及直径应符合设计要求。

（3）褥垫层厚度和密实度应符合设计要求。

（4）CFG桩施工中，每台班均须制作检查试件，进行28d强度检验。成桩28d后，应及时进行单桩承载力或复合地基承载力试验，其承载力应符合设计要求。

（5）CFG桩施工允许偏差，应按表4.2.7的要求控制。

**CFG桩施工允许偏差**　　表 4.2.7

| 序　号 | 项　目 | 允许偏差 |
| --- | --- | --- |
| 1 | 桩距（mm） | ±100 |
| 2 | 桩身垂直度（%） | 1.0 |
| 3 | 桩径 | 不小于设计值 |
| 4 | 桩长 | 不小于设计值 |
| 5 | 桩体强度 | 不小于设计值 |
| 6 | 单桩和复合地基承载力 | 不小于设计值 |

### 4.2.8 静压管桩

1）一般要求

（1）测量放样，平整场地，清除障碍物。

（2）按设计要求检验预制桩的质量。桩头损坏部分应截去，桩顶不平时应修切或修垫（钢筋混凝土桩）平整。

（3）试桩按照设计要求及有关规定进行。

2）施工工序（图4.2.8-1）

3）施工要点

（1）桩机按设计桩位就位，接桩应长桩在下，接桩应符合设计要求。

（2）静压管桩应压至设计高程，其承载力应符合设计要求；否则将按规定办理加长或减短的变更。

（3）成桩过程中遇有较难穿透的土层时，接桩宜在桩尖穿过该层土后进行。

（4）托板施工时，管桩与托板钢筋的连接应符合设计要求，静压管桩与托板钢筋应连接施工。

静压管桩施工见图4.2.8-2。

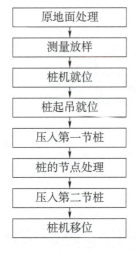

图4.2.8-1　静压管桩施工流程图

图4.2.8-2　静压管桩施工图

## 4.3　黄土路基

### 4.3.1　一般规定

（1）属于干燥类型、中湿类型的黄土地基，当填土高度大于4.0m时，应采用重夯、强夯、冲击碾碾压等方法对原地表进行处理，施工工艺应通过试验段确定；再采用30cm石灰土或防水土工布对原地表进行封层处理。对于非自重湿陷性黄土地基，原地表处理厚度应不小于0.8m。对于Ⅱ～Ⅲ级自重湿陷黄土地基，原地表处理厚度为2～3m，对于Ⅳ级自重湿陷黄土地基，原地表处理厚度为4～5m。

（2）潮湿类型路基或地下水丰富的路段，对原地表可采取换填、粉喷桩、抛石挤淤、石灰桩、挤密桩等技术措施进行处理，处理深度一般情况下应不小于4.0m；原地面上应设置砂砾垫层或石灰土隔水层或防水土工布，砂砾垫层厚度应不小于50cm；石灰土隔水层厚度应不小于30cm。处理后的湿软地基应进行长期沉降观测。

### 4.3.2　强夯

1）适用范围

强夯施工适用于处理湿陷性黄土层厚度大于3m的路段。

2)设备要求

应采用带有自动脱钩装置的履带式起重机或其他专用设备。夯锤质量一般为10～20t之间,其底面宜采用圆形,锤底面积宜为3～6m²。

3)施工要点

(1)施工前,应根据设计文件提供的地质资料,选取面积不小于30m×30m、地质条件具有代表性的试验区进行试夯,以确定最佳夯击能、夯击次数、遍数、间歇时间、夯点间距等指标。

(2)强夯施工前,应查明场地范围内地下构造物和管线的位置,以防止因强夯施工造成损坏;应做好防排水,避免地表水流入夯坑。

(3)夯击点一般按梅花形网格排列,其间距可根据击坑的形状、孔隙水压力变化情况确定。每遍夯击前,应对夯点放样,并标明位置,一般分三遍夯实。第一遍按梅花形网格排列,第二遍夯击剩余部分,第三遍按50%夯击能量进行满夯。满夯时夯点彼此重叠1/4(对圆形夯锤,可按直径的1/4重叠),夯实完成后表面应平整。

(4)当地下水位距地表2m以上且表层为非饱和土时,可直接进行夯击;否则,应铺筑50～100cm厚中(粗)砂、砂砾或片石等材料后,再进行夯击。

(5)强夯施工场地距附近居民住宅的距离应大于200m,距结构物距离不小于15m。必要时可采取隔振措施,开挖的隔振沟宽度应不小于1m,深度不小于3m。

(6)需采用多遍强夯时,两遍之间的间歇时间取决于孔隙水压力的消散,一般不少于7d。地下水位较低和地质条件较好的场地,可以连续夯击。一般在强夯处理完成15d后再开始后续施工,表面应整平压实。

(7)控制方法:最后两击的夯沉量之和小于15cm,且两击的夯沉量之差小于5cm,后一击夯沉量小于前一击夯沉量,坑周围地面不发生过大的隆起。

(8)施工过程中应做好监测和记录工作。

(9)强夯完成后若表土松散或含水率过大翻浆,宜采用5%石灰土就地翻拌30cm处理。

### 4.3.3 灰土挤密桩

1)布置方式

灰土挤密桩一般采用梅花形布置,间距为1.2～2.0m,深度为4.0～6.0m。

2)材料要求

采用纯净黄土,土中的有机质含量不大于5%,严禁使用种植土、杂填土和冻土;采用生石灰的颗粒不大于5mm,石灰质量应符合Ⅱ级以上标准。

3)施工工序(图4.3.3-1)

4)施工要点

(1)灰土挤密桩大面积施工前,必须通过试桩确定填层厚度、填料方量、夯击次数、夯

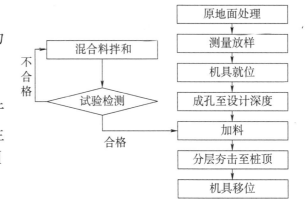

图4.3.3-1 灰土挤密桩施工流程图

锤提升高度、桩体压实度、扩径等施工工艺参数。

（2）对施工场地应进行清表平整，并做好临时排水设施。

（3）放样布点：应按照图纸要求进行放样，桩孔位置放线并编号，及时绘制施工布点图。成孔应采用隔排或隔桩跳打的方式，见图4.3.3-2。

（4）成孔：打桩机就位后，应使管尖对准桩位，桩管保持垂直进行成孔。对于地质软弱处、高压线下及缩径的桩孔，可采用洛阳铲打孔或扩孔。见图4.3.3-3。

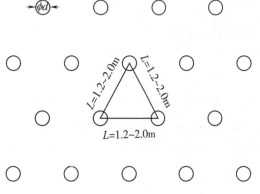

图4.3.3-2　灰土挤密桩点位布置示意图　　　图4.3.3-3　钻机就位

（5）混合料拌和：石灰、土应满足要求，并过筛，在拌和场集中拌和均匀后，运至现场，混合料含水率应接近最佳含水率，拌和好的灰土不得隔日使用。见图4.3.3-4。

（6）夯填前应逐孔测量孔深、孔径、垂直度是否符合要求，并做好记录。

（7）夯填。先对孔底夯1~2锤，再按照试桩确定的工艺参数施工，分层夯实到原地面。每层夯击不少于6次，锤落距≥3m，压实度大于设计要求，距桩顶2m范围内应适当增加夯击次数。对桩顶30cm采用手扶式冲击夯分层夯填至原地面，见图4.3.3-5。

图4.3.3-4　灰土拌和　　　　　　　图4.3.3-5　小型振动夯夯击桩顶

（8）灰土挤密桩完成并经验收合格的段落，应按照设计要求及时施作垫层。

## 4.4　膨胀土路基

### 4.4.1　地基处理

（1）表层为过湿土或高度不足1m的路堤，应按设计要求处治。

(2) 低填浅挖段、零填段、填土高度小于路面与路床总厚度时，应进行超挖换填处理；处理深度位于路床80cm以下40cm范围，可采用石灰或水泥改善处理。

(3) 当采用中粗砂或砾砂填筑时，应保证换填料的质量和换填厚度。

#### 4.4.2 路堑施工

(1) 施工前，应先进行截、排水设施的施工，将水引至路基以外。

(2) 路堑基床换填，应紧随开挖完成，当有困难时应留不小于0.5m的保护层。

(3) 边坡施工过程中，宜采取封闭措施。边坡不得一次挖到设计线，应预留厚度300~500mm，待路堑完成时，再削坡并立即进行加固处理。

(4) 边坡防护设施及挡土构造物，应做到随挖随做。高路堑边坡防护可采用分段施工分段防护，如防护不能紧跟完成时，应暂留不小于0.5m的保护层。

(5) 挡墙后的反滤层，可采用碎石或砂砾材料。

#### 4.4.3 路堤施工

1) 强膨胀土不得作为路堤填料，中等膨胀土经处理后可作为填料，改良后胀缩总率应不大于0.7%。

2) 采用石灰改良时，应绘制石灰剂量标准曲线，施工中采用"干法"标准。

3) 施工流程见图4.4.3。

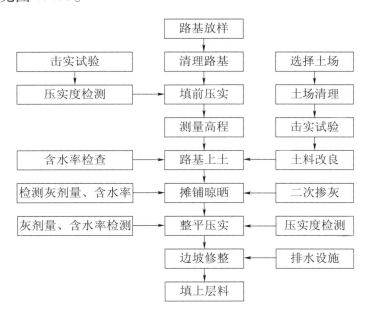

图4.4.3 膨胀土路堤施工流程图

4) 施工要点如下：

(1) 采用方格法上料。根据松铺厚度、运输能力计算堆料位置和间距，压实厚度一般不大于20cm。

(2) 用竹竿标尺或挂线标出填层高度，推土机摊铺填料，用平地机初平，使各处填土厚度均匀，用压路机快速静压一遍。

(3)将现场拌和好的石灰土取样,以检验石灰剂量。
(4)用振动压路机进行碾压,达到规定的压实标准。

## 4.5 冻土路基

### 4.5.1 一般要求

(1)应根据设计文件并结合当地气候条件进行现场核查,合理选择施工方法,并采取有效的抗冻措施。

(2)对于多年冻土地区,必须严格遵守保护冻土的原则,使路基施工后仍处于热学稳定状态。对于季节性冻土地区,路基处理应编制专项施工方案,经批准后实施。

(3)地温、沉降观测。施工前,在不同冻土类型和融沉等级的路段设置地温观测对比断面和沉降观测对比断面。定期对观测结果进行分析整理。

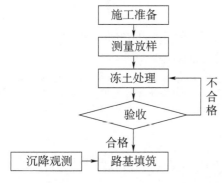

图 4.5.2 冻土地基处理工序流程图

### 4.5.2 施工工序(图4.5.2)

### 4.5.3 冻土挖除换填处理

1)适用范围

适用于冻土厚度较薄且埋深较浅、多年地温较高、多年冻土不够稳定地带的富冰冻土、饱冰冻土和含土冰层地基。

2)换填材料要求

(1)碎石:粒径宜为19~63mm,含泥量不大于10%,针片状颗粒含量小于15%,洛杉矶法磨耗率小于60%。

(2)砂砾:天然级配砂砾,最大粒径小于100mm,含泥量不大于5%,砾石强度为洛杉矶法磨耗率小于60%,含量不大于70%。

(3)石渣:最大粒径不大于200mm,石料单轴保水抗压强度不小于30MPa。

3)施工要点

(1)按设计要求,将冻土全部挖除或挖至不融沉或弱融沉层。两侧开槽坡度不小于1:0.75。

(2)在清理的基底上铺筑一层粒径较大的片石或卵石,碾压稳定后再分层填筑,分层铺筑压实厚度不得超过300mm,换填厚度符合设计要求。

(3)换填应宽出路基边脚不少于1m,两侧按设计防护。

(4)压实时应严格控制压路机的吨位、碾压遍数、速度,且无明显的粗细集料离析现象。

(5)施工过程中应避免填料受到污染,对于已污染的填料应废弃。

## 4.5.4 水泥稳定粒料桩冻土复合地基

1）适用范围

适用于多冰、富冰、饱冰冻土,冻土融沉等级较高且冻土埋深在3~5m的冻土路段。

2）施工流程（图4.5.4）

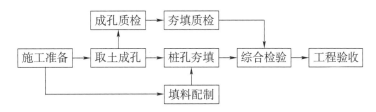

图4.5.4 水泥稳定粒料桩冻土复合地基施工流程图

3）施工要点

（1）根据施工图放出桩位线,由专人验线并报监理工程师,做好桩位预检记录。

（2）移桩机就位,调整设备水平,使重锤中心与桩位对齐,控制钻进速度,保证孔壁圆滑,满足设计孔径要求。

（3）施工前在桩架或钢管上标出控制深度的标记,正常钻进速度为0.5m/min,成孔后清除孔内积水和残渣,夯平孔底,夯实次数不少于5击。如遇到含土冰层和饱冰冻土时,应继续加深。如不能及时进行填料成桩时应围护和封盖桩孔。

（4）水泥稳定混合料拌和。水泥稳定混合料要求采用机械拌和,按设计配合比进行配料拌和,要求拌和均匀并严格控制含水率。

（5）夯填成桩。在向孔内填料前,应先夯实孔底3~4锤,逐层定量向桩孔内填料,每层回填厚度40~50cm,采用机械分层夯实,夯填度（夯实后的层厚度与填料厚度的比值）不得大于0.9。

（6）水泥稳定粒料桩的夯实,应按照试验确定的工艺参数连续施工,分层夯实。成桩时不得间隔停顿时间过长或隔日施工,以免成桩质量和连续性。

（7）填料应根据现场条件确定每次填料量,每层料夯击3~4次,（可边填料边夯击）,重锤重0.5~1.0t,落距2~5m（浅部未冻层选用较小落距）,保证最后两次贯入度平均值不大于5cm。表层融土范围内,由于土的侧限约束较小,采用2m低落距多次夯击。

## 4.5.5 碎石挤密桩冻土复合地基

1）适用范围

适用于多冰、富冰、饱冰冻土,冻土融沉等级较高且冻土埋深在3~5m的冻土路段。

2）施工工序（图4.5.5）

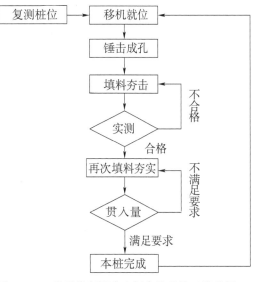

图4.5.5 碎石挤密桩冻土复合地基施工流程图

3）施工要点

(1)准备工作：施工放线、标定桩位、试机等。

(2)桩位放线：根据施工图放出桩位线，由专人验线并报监理工程师核验。

(3)桩机就位：确定桩位后，移桩机就位，调整设备水平，使重锤中心与桩位对齐。调整重锤垂直，确保其垂直度偏差不大于1%。

(4)开锤成孔：先低落距轻夯成孔，然后增大落距成孔，重锤夯击成孔至设计高程，并保证最后两次的夯击贯入度平均值控制在5cm以内。

(5)填料夯实：每次填料量为0.06~0.10m³，高50~80cm，每层夯击3~4次，落距5m。测最后一击贯入度，要求不大于10cm。浅层软土可采用2m低落距多次夯击。重复填料、夯击直至设计高程。成桩过程中，应随时观察地面隆起，控制落锤高度和夯击次数。

(6)夯至地面时，应采取低落距锤夯击，以地面隆起不超过5cm为宜。

(7)成桩参数可根据现场试桩及地质条件确定。

## 4.6 岩溶地区路基

### 4.6.1 一般要求

(1)对路基基底的岩溶泉或冒水进行处理后，应保证路床范围的土石方不受浸润，保证不因温差作用而使水汽上升。

(2)对路基上方岩溶泉或冒水，可采用排水沟将水引离路基，不宜堵塞；对路基基底的岩溶泉或冒水，宜设涵洞(管)将水排除；流量较大的暗洞及消水洞，可用桥涵跨越通过。路堑边坡上危及路基稳定的干溶洞，可采用砂砾石、碎石、干砌或浆砌片石等回填密实。

(3)路基基底干溶洞的顶板太薄或顶板较破碎时，可采用加固或将顶板炸除之后，以桥涵跨越；路基基底干溶洞的顶板较为完整，有较大厚度时，根据验算结果，确定处治方案。

(4)当路基溶洞位于过沟附近，而且较深时，可采用钢筋混凝土板封闭，防止边沟水渗漏到溶洞内。

(5)为防止溶洞的沉陷或坍塌，以及处理岩溶水引起的病害，可视溶洞的具体情况分别采用洞内加固(如桩基加固、衬砌加固)、盖板加固、封闭加固(如锚喷加固)等方法。

(6)对影响路基稳定的人工坑洞(如煤矿采空区、古墓、枯井、掏砂坑、防空洞等)，应查明原因后，参照岩溶处治方法进行处理。

### 4.6.2 施工要点

1)路堑开挖的溶洞处理

(1)路堑边坡上的溶洞，采用洞内片石堵塞，洞外干砌片石铺砌，砂浆勾缝或浆砌片石封闭。

(2)路堑基床部分溶洞，施工方法与路堤基地溶洞相同。

(3)靠近天沟的溶洞,可用上法封闭。砌筑不易的深溶洞,宜采用钢筋混凝土盖板封闭,并防止天沟水的渗漏。

2)路堤填筑

(1)现场调查核实,确定各个岩溶的形态、类型及发育因素。通过检测确定岩溶的产状、宽度、位置,制订相应的处理措施。

(2)采用全站仪、水准仪进行测量放样。

(3)人工配合机械进行施工。

①对岩溶水以疏导为主,采用明沟、涵洞(管及泄水洞)等构造物进行疏导,并在高出地表水位25cm处设置隔离层,将水排到侧沟。

②路基通过溶洞或岩溶水时,跨越和施工条件较好时,采用跨越方法。流量较大的暗河,冒水洞或涓水洞,采用桥跨通过;一般岩泉采用涵洞跨越;跨越季节性和经常性积水而水不深的溶蚀洼地,可采用片石透水路堤。

③若为干溶洞时,采用浆砌片石支墙、支柱及码砌片石进行加固;深而小的溶洞,采用石盖板或钢筋混凝土盖板封堵;洞径深而小,顶板薄或岩石破碎的溶洞,采用爆破顶板后用片石回填处理。

④靠近边侧的溶洞,采用洞内片石堵塞,洞外干砌片石铺砌,砂浆勾缝或浆砌片石封闭。

⑤基底为蜂窝麻面状结构或顶板薄、岩石破碎的暗溶洞,采用压浆处理。

## 4.7 沙漠路基

### 4.7.1 一般要求

(1)风积沙及沙漠地区路基地表清理时,不得随意破坏路线两侧植被和地表硬壳,注意保护沙漠环境。

(2)路基施工应遵循边施工边防护的原则,选择沙漠中能自由行走的机械,如履带式推土机、履带式铲运机和前后轮驱动的振动压路机,禁止使用羊角碾进行压实。

(3)取土坑应合理布设,减少对植被和原地貌的大面积破坏,取料结束后应整平,恢复原有植被。弃土应根据实际地形,弃于背风侧低洼处。

(4)风积沙填料应不含有机质、黏土块、杂草和其他有害物质等。路堤填筑宜采用水平分层填筑方式,按照横断面全宽推筑。

(5)挖方深度大于2m的路基两侧及半填半挖路基两侧宜加宽1~2m。流动沙漠路基边坡按设计图纸要求整平坡度,并进行固沙处理。

(6)沙漠地区路基工程,应推行机械化施工,抓住有利施工季节,集中调配劳力机具,优化组合,连续施工。

(7)风积沙填筑路基也可采用水坠碾压法分层填筑。采用水坠碾压法施工最大松铺厚度不得超过30cm,填料表面水头高度应保持在20cm以上。

(8)确定风积沙最大干密度的试验方法分为干振法和饱水振动法。风积沙路基应检测压实度和固体体积率。

(9) 风积沙路基完工后,应及时在路基顶面铺筑封层。

### 4.7.2 取沙和弃沙

(1) 沙漠地区路基施工,以沿线两侧就近取弃为原则,取沙以沙丘为主,弃沙以沙窝为主。路线两侧取沙时,应尽可能控制在路基两侧20m平整带范围内,并与平整带施工相结合。

(2) 路线两侧取沙坑深度小于1m以内时,可将路堤边坡延伸至取沙坑底一并防护;当取沙坑深度大于1m时,应在路堤坡脚与取沙坑之间设置宽度不小于3m的护坡道。护坡道应整平,其外侧边坡应修成缓坡。

(3) 应尽可能以挖作填,减少弃方。弃方处理前,应提出弃方的施工方案报监理工程师批准后实施。

(4) 确需废弃时应纵向就近弃于路线两侧沙丘低洼地,并整平。当连续挖方较长(大于100m)且挖方边坡高度在2m以内时,可就近横向弃于两侧堑顶的平整带内;挖方边坡高度大于2m时,2m以下部分可用推土机或铲运机沿纵向运出。

(5) 涵洞、通道及桥头附近不宜进行取、弃沙,确需取、弃沙时,应报监理工程师批准,并做好排水和防护,不得影响原有天然沟渠的排水功能或对路基安全造成不利影响。

(6) 施工过程中,应根据施工季节、路堑横断面形状、纵坡、横坡等情况设置必要的排水设施,特别是在夏季暴雨较为集中时应防止雨水对路堤、路堑的冲刷。

(7) 尽量采取有效措施保护路线两侧原有植被和地表硬壳。对因施工作业及取、弃沙等造成原地表植被破坏的部分,路基成型且边坡整理后,应采取柴草网格障蔽或黏土压盖等措施,对出露的新沙面及时防护,并撒播草籽、恢复植被。

### 4.7.3 填方路堤

1) 填方路堤施工前的原地面应按如下规定处理:

(1) 路堤修筑范围内,原地面的坑、洞、墓穴等,应采用风积沙或砂性土压实、回填。路堤基底为耕地、松沙或水塘时,清除干净后按规定分层碾压达到设计或规范规定压实度。

(2) 对填方路堤地基应充分碾压,确保地表以下30cm范围内沙层的压实度符合规范要求。

(3) 应做好原地面临时排水设施,并与永久排水设施相结合。排走的雨水,严禁流入农田、耕地;也不得引起水沟淤积和路基冲刷。

2) 采用风积沙填筑路堤时,不得夹杂黏土、植物及树根等杂质。若同时采用风积沙和土作填料时,必须分层填筑,也不得分层间隔填筑,用土填料累计压实厚度不得小于50cm。

3) 对风积沙路堤必须根据设计断面,分层填筑、分层压实。分层的最大松铺厚度应根据压实机械的压实功能确定。15t以上自行式振动压路机碾压时最大松铺厚度不得超过30cm;103kW(140马力)以上推土机碾压时松铺厚度不得超过25cm。

4) 用风积沙填筑路基附近取水方便时,也可采用水坠碾压法分层填筑。填筑时每层最大松铺厚度不得超过 30cm。所设围堰每层应相互错开,填筑至路床顶面最后一层时应分段水坠,相邻段水坠重叠宽度应不小于 1m。填料表面水头高度应保持在 20cm 以上。

5) 当填方分几个作业段施工,两段交接处,不在同一时间填筑的,应将先填地段挖成宽度不小于 2m 的台阶;同一时间填筑的则应分层相互交叠衔接,其搭接长度不得小于 2m。

6) 桥涵及其他构造物处的填筑应遵守下列以下规定:

(1) 回填工作必须在隐蔽工程验收合格后进行。

(2) 桥涵通道处的填料,可采用风积沙水平分层回填。宜采用水坠碾压法施工,填料表面水头宜保持在 20cm 以上,分层最大松铺厚度不大于 30cm,用 103kW(140 马力)以上推土机碾压 4 遍或采用自重在 15t 以上的振动压路机碾压 3 遍。

(3) 桥梁、通道两侧采用水坠碾压法的范围为沿路线纵向每端不小于 10m。涵洞、挡土墙等构造物处填料长度每侧不小于 3m。

(4) 桥涵及构造物台背回填处理时,若采用小型压实机具,最大松铺厚度应根据机具类型通过试验路段施工确定。

7) 填方路堤完成后,应及时铺筑封层,并对边坡进行防护。

### 4.7.4 挖方路堑

(1) 开挖的适用于种植草皮和其他用途的表土,应堆积在指定地点。对适用于路基填料的材料应单独堆放或直接用于路基填筑。开挖均应自上而下进行,如遇地质变化应及时报监理工程师。

(2) 施工过程中发现风积沙层下部出现土质或其他材料时,应将上部风积沙全部挖除后再进行下部开挖。

(3) 路堑开挖,根据路堑深度和纵向长度,选择开挖方式。

### 4.7.5 包边土

(1) 路基成形后,有黏土的路段,应优先选用黏土包边,便于植草绿化。

(2) 黏土包边施工前,应提交相关试验资料,黏土的塑性指数应大于 6。

(3) 黏土包边厚度,应符合设计要求,沿坡面等厚度水平填筑。

(4) 施工时先按要求对风积沙路堤边坡进行整修,从坡脚开始水平分层向上铺筑,松铺厚度不大于 15cm,宽度应大于包边宽度,适当洒水后采用蛙式打夯机或手扶式压路机分层夯实。

(5) 路堤包边土分层压实后,应按设计边坡坡度修整边坡,使坡面平顺。包边土施做完成后,应尽早进行坡面绿化。

(6) 路堑边坡的黏土包边直接设置在边坡的坡面上,底部埋入积沙平台下 20cm,顶部与原地面平齐。施工时先将黏土水平分层铺筑在整理好的路堑边坡上,铺筑分层厚度不大于 15cm,水平宽度应大于设计包边宽度 5cm,然后适当洒水,人工夯实,直到坡顶。

# 5 冬、雨季路基施工

## 5.1 一般规定

**5.1.1** 路基施工前,应根据工程量、合同工期、机械配置等制订科学的规划,合理安排路基施工的各项工作,尽量避免冬、雨季施工。

**5.1.2** 冬、雨季施工,应根据季节特点、当地气候条件,结合地形、地貌、施工位置,制订合理的施工方案。

**5.1.3** 冬、雨季施工期间,应保持与气象部门的联系,建立长效的联动机制,根据天气、气温、风力的变化,及时调整施工方案。

**5.1.4** 沿河道施工时,应保持与水行政部门的联系,密切注意水流大小的变化,预防不安全事故的发生。

**5.1.5** 冬、雨季施工应加强安全管理、安全教育,制订专职的安全员制度,制订防汛、防火、防台风、温度急剧变化等各种应急预案,做好防洪抢险的准备工作。

**5.1.6** 在山岭重丘区地区或深路堑施工,根据地形、地质状况,做好防、排水工作,尽可能减少水毁、自然灾害所产生的损失。

**5.1.7** 应重视雨季施工的排水工作,根据施工组织设计和工作计划,在施工作业面及其相关区域,须设置完善的排水系统,并做好抢险准备工作。

**5.1.8** 冬季施工应做好充分的防冻措施,对路基填筑、混凝土浇筑、构件预制等的施工应按要求做好预防工作,不得降低质量标准。

## 5.2 雨季施工

**5.2.1** 路基基底处理

（1）在雨季前应将基底处理好,孔洞、坑洼处填平夯实,整平基底,并设纵横排水坡。

（2）低洼地段，应在雨季前将原地面处理好，并将填筑作业面填筑到可能的最高积水位0.5m以上。

（3）在地势较为平坦的路段施工时，应在路基外侧设置20cm高的土埂作为临时排水设施，将地表水引出路基之外，并防止雨水浸泡路基。

（4）结构物基坑在雨季开挖后未能及时施工时，应采取防浸泡措施，雨后应对基坑地基承载力重新进行检测。路肩式挡土墙施工应适当增加排水口，使雨水能迅速排出路基，确保雨过天晴后能迅速投入生产。

（5）制订雨季施工安全应急预案，做好防洪抢险和路基防冲刷准备工作。

### 5.2.2 填方路堤施工

（1）填料应选用碎（卵）石土、砂砾、石方碎渣和砂类土等透水性材料。

（2）原地面施工时，应增加排水设施，雨后应组织人员及时排除路基表面积水，在上料前应组织复压复检。

（3）分层填筑时，每层的表面应确保2%～4%的排水横坡。应增加临时排水设施，将水流截、引、排至路基外。雨季施工各道工序应连续进行，当天填筑的土层应当天（或雨前）完成压实，保持施工场地不积水。

（4）在填筑路堤前，应在填方坡脚以外挖掘排水沟，将水流引至附近桥涵处或预留的桥涵缺口处，保持场地不积水。如原地面松软，应采取换填等措施进行处理。在斜坡地带修筑路堤，应在开挖截水沟，以免冲刷路堤。

（5）取土场的土方开挖过程中，雨后复工前应进行检查，如边坡上部有裂缝或坡面有开裂，应慎重处理后方可继续施工。

（6）沿溪流或河道的施工，要警惕发生洪水的可能，除加强与当地水文站的联系外，还应将不需要的机械、材料等及时移出施工现场。

（7）每天了解当地天气变化情况，准备好防渗土工布或彩条布、混凝土预制块，遇到阴雨天气及时碾压封住路基顶面，待天晴后再行施工，见图5.2.2。

图5.2.2 雨季路基覆盖彩条布

### 5.2.3 挖方路基施工

（1）挖方边坡不宜一次挖到设计坡面，应预留一定厚度的覆盖层，待雨季过后再修整到设计坡面。

（2）雨季开挖路堑，当挖至路床顶面以上30～50cm时应停止开挖，并在两侧挖好临时排水沟，并确保排水通畅。待雨季过后再施工。

(3)雨季开挖岩石路基,炮眼宜水平设置。

## 5.3 冬季施工

**5.3.1** 在季节性冻融地区,昼夜平均温度在-3℃以下,且连续10d以上,或昼夜平均温度虽在-3℃以上,但冻土没有完全融化时,均应按冬季施工办理。

**5.3.2** 高速公路、一级公路的土质路堤,不宜进行冬季施工。土质路堤在路床以下1m范围内和半填半挖地段、挖填交界处不得在冬季施工。

**5.3.3** 路基基底处理
(1)冻结前应完成表层清理,挖好台阶,并应采取保温措施防止冻结。
(2)路堤填筑前应将基底范围内的积雪和冰块清理干净。
(3)对需要换填土地段或坑洼处,需补土的基底应选用适宜的填料回填,并及时进行整平压实。
(4)基底处理后,应立即采取保温措施防止冻结。

**5.3.4** 填方路堤施工
(1)路基冬季施工时,路堤填料应选用不易冻结的砂类土、碎石、卵石土、石渣等透水性好的材料,不得用含水率过大的黏性土。
(2)填筑路堤,应按横断面全宽平填,每层松铺厚度应比正常施工减少20%~30%,且松铺厚度不得超过30cm。当天填土应及时完成碾压。
(3)中途停止填筑时,应整平填层和边坡并进行覆盖防冻(覆盖宜采用松土或草垫),恢复施工前应将表层冰雪清除,并补充压实。
(4)当填筑高程距路床底面1m时,碾压密实后应停止填筑,在顶面覆盖防冻保湿层,待冬季过后整理复压,再分层填至设计高程。
(5)冬季过后必须对填方路堤进行补充压实,压实度应达到设计要求。

**5.3.5** 挖方路基施工
(1)挖方土质边坡不得一次挖到设计线,应预留一定厚度的覆盖层,到正常施工季节后再开挖。
(2)路基挖至路床顶面以上1m时,完成临时排水沟后,应停止开挖,待冬季过后再施工。

# 6 改扩建工程路基施工

## 6.1 一般规定

6.1.1 建设管理单位应组织编写施工作业指导书,结合实际对交通保畅、场地清理、地基处理、路基拼接、施工排水等工艺提出要求。新老路基结合部的处理应作为质量控制的重点。

6.1.2 改扩建工程的旧路利用段应实行动态设计,现场不断地优化、完善设计。

6.1.3 各参建单位应重视交通组织与管理工作,制订交通保畅方案。在通车路段施工,要设立专职的交通管理人员,应按照养护规范关于交通标志设置的要求,摆放有效的交通引导标志、限速标志和必要的警示灯、照明设施等,保障道路的安全畅通。

6.1.4 制订相关应急预案。对交通事故的处理应反映快速、处置灵活、抢险稳妥、救援及时。

6.1.5 制订安全生产管理办法,加强与运营、交警、路政等部门的联系,经常性地开展安全生产教育,所制订的施工方案满足实际安全生产的要求。

6.1.6 建设必要的临时设施,保障跨线桥、通道等构造物的正常使用,不得影响周围群众正常生产、生活。

6.1.7 对收费站、服务区、停车区改造时,应保障基本的服务功能。

6.1.8 积极推广和应用新技术、新设备,坚持环保、节约的理念,要重视再生技术的应用,尽可能地利用原有公路的设施、材料。

## 6.2 施工准备

6.2.1 路基开工前,应做好施工测量工作,其内容包括导线、中线、水准点复测,横断面检查与补测,增设水准点等。

**6.2.2** 应根据设计文件提供的资料,对取自挖方、借土场、料场的路堤填料进行复查和取样试验,挖方、借土场和料场用作填料的土应进行相关土工试验,完成试验的报批工作。

**6.2.3** 取土场选定时,应进行详细的勘探工作,防止出现土质变化、土石夹层、淤质夹层等现象。

**6.2.4** 取土场使用前,应根据地形、地貌、地质、水文情况制订进场便道、支挡、防护、排水与水土保持等施工方案。开挖前先将表土剥离,集中堆放,并保存好,用于工后覆土复耕或植被恢复,取土时应该分层进行,按照条式取土法取土;取土坑拟采取一次取土深度不超过3m,取土坑四周的边坡坡度满足规范要求。

**6.2.5** 机械准备。每个施工段(不超过2km)最少应配置:平地机1台(砂砾路基除外)、重型振动钢轮压路机2台(激振力+自重≥50t)、挖掘机1台、推土机1台、重夯设备3套、小型压实机具、洒水车、其他辅助机械和设备等(灰土垫层施工应配路拌机1台)。

**6.2.6** 对施工人员应进行岗前技术培训、安全教育。

**6.2.7** 做好详细的施工组织设计和工作安排,分项工程开工报告得到批复。

**6.2.8** 临时便道、便桥已完成。修建的临时便道应保证施工过程的使用,高于原地表40~80cm,土基密实,简易砂石路面厚度不小于20cm。主线便道设置在界桩以内,保持线性顺畅,平时要加强对便道的养护。对附近无法绕行的河流,须修建临时便桥。

**6.2.9** 应完成长度不少于200m的试验段,确定施工工艺、松铺厚度等参数,试验路的成果得到批复,正常施工路段应按照批复的试验路段成果指导施工。

**6.2.10** 场地清理已结束。在填方地段的原地面应进行表面清理,包括原隔离栅、隔离网以及路堤防护圬工砌体。清出的种植土应集中堆放。对于路基范围内的水井、墓穴、沟渠等,按有关要求提前处理。

**6.2.11** 应完成下列工程:
(1)扩建段原路基的病害处理(原路基不均匀沉降、桥头路基沉陷)。
(2)加宽拼接段的特殊路基处理(砂砾垫层、湿陷性黄土、软土地基)。
(3)加宽段路基基底处理(强夯、重夯)。

(4)原路基结构物处已完成必要的防护加固工程。

(5)临时排水设施已完成,特别是原道路的涵洞、通道的排水、通行已解决。

①可在便道内侧开挖临时排水沟,铺设双层彩条布,根据地形调整纵坡以便将雨水及时排出路基外,临时排水沟和灌溉渠不能共用和互通。

②应先做好截水沟、排水沟等排水设施,排水沟的出口应通至桥涵进出口处,排、截水沟挖出的废土应堆置在沟与路堑边坡顶一侧,并予以夯实。

③对旧路面的表面排水,集中后设置排水通道,防止其对开挖台阶的冲刷。对中央分隔带排水、超高段横向排水要临时引至新路基外的排水沟中。

## 6.3 路基拼接施工

**6.3.1** 施工前要对地基状况进行核查,应选择合理的施工方案,保障软土处理、路基拼接后原路基的稳定性。

**6.3.2 土质路基**

(1)台阶开挖宽度120cm、高度80cm,由底至上开挖,开挖一级填筑一级,见图6.3.2。

(2)台阶的开挖采用挖掘机结合人工的方式进行。对台阶处的原老路填土进行天然含水率和力学性能的检验。

(3)台阶立面要求机械开挖时预留10cm,台阶壁设置1:0.2的斜坡。

(4)结合路基施工分段落、分级进行开挖。高填方路段,应对老路基进行稳定性验算后再决定台阶开挖的工序。台阶自下而上随填土进度逐层开挖。

(5)在进行路基填筑时,应加强与原老路台阶结合处的碾压,人工清理台阶结合处的虚土,然后碾压到边。对与老路基的结合部位应作为重点进行施工。

图6.3.2 路基拼接施工

(6)台阶开挖时若老路堤出现渗水,须及时上报,处理后才可继续施工。

(7)尽量避免老路基开挖断面长时间的暴露,当路基填筑完成一层时方可开挖上一层台阶,降雨时及时对已开挖的老路基台阶采用防水布进行覆盖。

**6.3.3 砂砾路基施工**

(1)砂砾路基台阶开挖不易成型,应由下向上分层填筑。新旧路基结合部位,每填筑一层,应用推土机沿路基纵向按分层填筑厚度的2倍宽度向旧路基内侧推进搭接。在碾压搭接结合部位时要增加碾压遍数,压实度适当提高。

(2)在施工时应清除原路基搭接部位超粒径的填料。

### 6.3.4 高填方路基拼接施工

（1）高填方路堤施工，应加强沉降观测，并根据拼接施工特点，增加水平位移观察，并严格控制填筑速率。

（2）高填方路段由于施工期较长，应严格做好排水措施，防止雨水从拼接面下渗。同时做好拦水埂和泄水沟，防止雨水对路基边坡冲刷。

（3）高填方路段的边坡台阶开挖，应验算路基稳定性后实施。不宜一次性开挖过大、过高，一个台阶宽度一般不宜超过150cm。

### 6.3.5 施工要点

（1）每一压实层均应检验压实度，合格后方可填筑其上一层。对于拼接段的路基填筑压实度的控制应作为平时检测工作的重点。拼接路基距拼接缝3m范围内以及老路基台阶上填筑土压实标准应提高1%，对其压实度检测宜加大频率，且须每点合格。

（2）结构物台背回填施工的纵向、横向开挖台阶尺寸宜为宽度120cm、高度80cm，由底至上开挖，开挖一级填筑一级。采用反开挖施工的涵洞、通道的台背回填台阶开挖，其宽度和高度均为30cm。

（3）土路基段的开挖施工，应尽量避开雨季施工，缩短施工周期。

（4）路基台阶的开挖可采用开挖一级填筑一级的方法，逐级开挖，逐级填筑；原土路堤边坡清除表土后出现的松散、过湿、翻浆、沉陷、冲沟等病害需进行相应的换填、挖出处理后，再进行开挖台阶施工；原路基为砂砾路基时，清表后出现松散、沉陷应采用换填或注浆处理，然后进行开挖台阶施工。

## 6.4 石方挖方路基拓宽

### 6.4.1
路堑开挖以尽量不爆破的原则，如石方开挖必须采用爆破施工，则爆破规模必须采取小型爆破，并采用预裂控制爆破和光面爆破方式；同时每次爆破必须有计划、有审批、有组织、定时、定点、定规模进行。

### 6.4.2
沿路线纵向拟采用在需爆破的路堑上靠行车道侧先预留爆破防护墙，并加设双排脚手架和安全网进行防护，防止大量飞石滚入高速公路。

### 6.4.3
在运营的高速公路边坡上爆破时，应临时封闭交通。

### 6.4.4 爆破方案设计原则

（1）采用中浅孔和深孔相结合多段微差松动爆破和微分装药，爆破作用控制在松动爆破范围内，根据不同爆破环境控制适当的单耗。

（2）采取密孔分散药量和松动爆破措施，控制飞石，减少冲击波超压和噪声。

(3)采取适当覆盖的方式和必要的防护、加固措施,以防止个别飞石的危害;采取监护、撤离、疏散措施,防患于未然。

(4)充分考虑爆破震动对周围建(构)筑物的影响,采取限制单段药量,控制爆破规模,增加起爆次数,分区多工作面施工等方法,对震动进行测试监测。

(5)在施爆开始和邻近设施时,加强爆破震动监测,并及时将监测结果提供给现场工程技术人员,以便严格控制最大一段装药量,确保周围建构筑物的安全。

(6)爆破施工前必须对周围环境进行调查,基本不干扰主线交通,实施短时间封闭交通(30min以内);不能对周围建筑物产生破坏效应。

(7)落实施工布置,特别是防护、加固措施的实施,控制飞石在安全范围内,确保高速公路行车和人员安全;确保电力通信设施安全等。

### 6.4.5 土石方挖运

(1)爆破施工与土石方完运同步进行,即采取边挖运边爆破的配合方式进行,每一区爆破后,将各路钻爆工具、机械运至下一作业区区段的顶面上,开始钻孔作业,爆破完成的作业区采用挖掘机和装载机装渣,自卸车运输填筑于路堤地段或运于弃渣场。

(2)在拓宽工程爆破施工时,如要确保高速公路双向四车道不间断运营,爆破石渣不能直接抛掷路堑以下,且爆破在高速公路一侧预留防护墙,靠近山体一侧预留光面爆破层,中间爆破宽度较窄,运输回撤倒车进入爆破区装料,正向开出运走。

## 6.5 涵洞及通道拼接

### 6.5.1 病害检查及处理

1)清理涵洞内的淤积残留物,涵洞全长范围内的淤积残留物层均不大于10cm。

2)涵洞、通道内的混凝土是否存在裂缝、空洞、麻面蜂窝等病害,并做好记录。

3)检查涵洞、通道的沉降变形。查勘沉降缝的错台、漏水、各管节接缝开裂、通道顶板渗水等,存在问题时应采取封水措施。

4)对存在下列情况之一的须作为危涵洞、危通道,应按程序上报,补强完成后才可进行拼接施工:

(1)纵横向裂缝交叉或贯通,裂缝宽度>0.3mm,裂缝深度>1/3结构物厚度,渗漏现象严重。

(2)结构物表面风化严重,麻面、蜂窝联成片,面积>10%结构物表面积,混凝土强度明显衰减。

(3)空洞、露筋现象严重,多处受力钢筋外露并锈蚀严重。

### 6.5.2 地基处理

(1)软土地段必须按照设计要求先进行地基处理。若采用水泥搅拌桩处理时,必须待搅拌桩达到设计强度后再做垫层和基础,垫层材料可用碎石,并确保垫层的压实度满足规范要求。

(2)非软土地段,须测定土基的承载力,承载力不足时,按设计文件实施。

### 6.5.3 洞口拆除

(1)涵洞、通道拼接前应将洞口的一字墙、八字墙、锥坡、洞口铺砌、挡水墙等原有构筑物拆除。

(2)拆除洞口构筑物可采用切割、凿除等方法,严禁使用静态爆破法,或不当的锤击。

(3)填土高、孔径大的暗涵、通道,拆除洞口结构物时,应兼顾洞口两侧路基的稳定性。对于存在病害的暗涵、通道,必要时要采取临时支护,确保洞口拆除时的结构安全和施工安全。

### 6.5.4 临时排水

(1)涵洞自身排水,宜采用堵排结合的方法,采用封闭式排水措施,不得出现漏水浸泡基坑的现象。

(2)有条件改道排水时,应防止水浸泡地基的现象。

### 6.5.5 箱涵、箱式通道拼接施工

1)原有箱涵、箱通的混凝土基础在拼接施工前凿开,并设置沉降缝。

2)应采用大块模板拼装施工,单块模板面积≥2m²,模板拼装缝隙要求平整、紧密、不漏浆,宜采用防水胶泥围缝。

3)选择连续级配防水混凝土,混凝土强度保证率>95%,第1次浇筑底板和侧墙30cm,强度达到70%后进行第2次浇筑并一次完成。

4)老箱涵、箱式通道洞口一字墙拆除后外露的钢筋头先涂一层环氧树脂,再做一层砂浆抹面,防止钢筋锈蚀。

5)工作缝外侧采用橡胶止水带、遇水膨胀橡胶条综合处理,内侧用沥青麻絮填塞,表面用砂浆勾缝。

6)扩建通道与原通道的接缝可采用植筋拼接的刚性固结形式,并加强扩建通道基础的处理,见图6.5.5-1。植筋拼接施工工序如下:

(1)检查老通道是否有缺陷,对顶、板顶面进行检查,是否有裂缝,如有裂缝须采取措施修补、加固。

(2)凿除通道、箱涵的护栏底座。

(3)通道、箱涵端墙凿毛处理。

(4)用钢筋探测仪测出植筋处混凝土内的钢筋位置,核对、标记植筋部位,以便钻孔时避让钢筋。

(5)孔位放样后采用电锤钻进行钻孔,并根据钢筋或螺杆直径选择孔径和孔深;

(6)成孔后孔眼必须用毛刷将孔壁的浮尘反复清刷干净,或用空压机的强风彻底吹

洁孔壁,重复至少三次以上,不要留下灰尘或泥浆。并保证孔眼处于干燥状态。

(7)清孔结束以后,采用与植筋胶品种相配套的植筋胶枪向孔中注射胶体,注入胶体大约孔体积1/2左右。

(8)及时将备好的钢筋或螺杆旋转着缓缓插入锚孔底,使得锚固剂均匀地附着在钢筋或螺杆表面及缝隙中,使胶与钢筋、孔壁完全黏结。

(9)植筋完成以后必须做好植入钢筋的固化期保护作用,禁止扰动、碰撞钢筋。

(10)植入钢筋必须按1%且至少1根的频率随机抽检进行抗拉拔试验,见图6.5.5-2。

图6.5.5-1 新老通道植筋拼接

图6.5.5-2 植筋首件工程抗拉拔检测

### 6.5.6 盖板涵拼接

(1)支座垫板采用三油四毡,提前预制成支座垫板块,安装盖板前平铺在台帽上。若台帽不平整,则用1∶2水泥砂浆将垫板支平,确保盖板四周均匀受力。

(2)严格按照通用图和施工规范要求进行防水层施工,涵台顶部两侧做好排水盲沟,不允许出现盖板漏水现象。

(3)涵洞洞底铺砌进出口必须做挡水墙,防止铺砌时出现脱空现象。

(4)凡用块片石砌筑的涵台铺砌和八字墙均用1∶2砂浆勾缝,勾缝凸出5mm,先填后勾,保持美观整齐。

(5)变形缝止水处理,用沥青麻絮填塞,暴露面用水泥砂浆勾缝。

### 6.5.7 倒虹吸拼接

(1)按照管涵的施工要求进行施工。凿出混凝土包封部分钢筋,与新钢筋焊接成整体。

(2)钢筋混凝土倒虹吸新老接头若断开,按变形缝做止水处理;若设计要求新老接头不断开,则将老的洞身凿除20cm,新老钢筋焊接成整体,混凝土拼接缝处理后确保不渗水。

(3)防水处理:混凝土采用连续级配防渗混凝土,表面防水层和变形缝止水采用橡胶带,严格按现行《公路桥涵施工技术规范》的要求进行施工。

(4)基槽工作宽度每侧≥60cm,须采用水稳定性好、密封性强、强度高的材料,回填至路床顶面。

(5)进出口铺砌确保不渗漏,保证水渠边坡稳定。
(6)应进行压水试验,检查其渗漏情况。

### 6.5.8 注意事项

(1)涵洞、通道两侧回填和路堤同步,防止出现单侧偏压。
(2)洞口铺砌要适当延伸到隔离栅以外,与地方水系顺接,或与路基排水边沟顺接。
(3)隔离栅跨越涵洞进出口时,可设置固定栅栏,防止牲畜穿越。
(4)在边坡两侧适当位置可设置临时急流槽,将路面水排到线外临时边沟。
(5)尽量避免在雨季和农田灌溉高峰期进行涵洞拼接施工。

# 7 排水工程

## 7.1 一般规定

**7.1.1** 路基工程完工后,建设单位应组织各参建单位、地方政府对路基的排水系统进行核查,结合路面工程的排水设施,进一步补充、完善排水系统。

**7.1.2** 排水设施应与路基同步施工,坚持高接远送原则,及时做好路基施工过程中临时排水及永久性排水系统,并应注意排水系统与自然水系的衔接,及时进行管理与养护,保障排水系统水流的畅通。

**7.1.3** 排水设施断面尺寸,应根据实际汇水面积确定,路基排水沟内侧边缘距路堤坡脚应不小于1m。

**7.1.4** 排水沟、边沟开挖前,应对原地表整平、压实,表层30cm的压实度不小于90%。边沟、排水沟和急流槽等小断面排水设施宜选用水泥混凝土预制或现浇结构,要重视各排水设施衔接处的处理,防止漏、渗水。预制构件应采取集中、工厂化的管理模式进行预制,有条件的项目可多标段集中预制。

**7.1.5** 在填挖交界处地下水丰富的地段设置盲沟,根据地形设置截排水组合形式的盲沟。挖方路基和半填半挖路段挖方一则当土体含水率较大时,应设置纵、横向盲沟。在坡脚设置的边沟(排水沟)应与各种水沟的连接应顺畅。

**7.1.6** 路基施工过程中应随时保持一定的排水横坡或纵向排水通道,施工作业面不得有积水,按照截、排、疏的原则,防止水流冲刷边坡。

**7.1.7** 蒸发池距离路基原则上应不小于30m,且必须设置梳形盖板。

**7.1.8** 在路堑顶部根据需要布设一条或多条截水沟,截水沟的基础应进行加固和防渗处理,采用预制构件进行施工,也可选用U形槽或浅蝶形的结构形式;构件安装时其底部应设置隔水土工布防渗层。平台上应设置排水沟,排水沟的出水口必须将水引至桥涵进水口或其他合理位置,一般不得将水引入路基边沟中,除非设置急流槽和跌水。

**7.1.9** 排水工程砌筑用砂浆必须集中拌和,拌和采用能够准确计量的强制式拌和机,且应随拌随用,砂浆必须在初凝前使用,已初凝的砂浆必须废弃。

**7.1.10** 沿线设置的取土场,其边缘距路基距离原则上不得小于30m,并保证临时排水系统的畅通,减少施工过程中积水现象。

**7.1.11** 在存在积水或排水不畅的通道附近,可设置蓄水池作为排水设施,并加强养护。

## 7.2 地表排水

**7.2.1** 边沟、排水沟、截水沟

(1)排水沟、边沟、截水沟的测量放样应适当加密,确保沟体线形美观,达到线形顺直、圆滑,并按设计要求设置伸缩缝。见图7.2.1-1和图7.2.1-2。

图 7.2.1-1 挖方段边沟

图 7.2.1-2 填方段边沟

(2)路基排水应依照实际地形选择合适的位置将地面水和地下水导排出路基外,并与自然水系相衔接。

(3)截水沟应在路基施工前先施工,做好夯实和防渗处理。

(4)截水沟顶面应略低于自然坡面,若遇冲沟应设缺口将水导入截水沟。

(5)截水沟的长度超过500m时应设置出水口,将水引入自然河沟或桥涵进水口,或与其他排水设施平顺衔接。

(6)截水沟出水口一般应设深度不小于1m的截水墙或消能设施;排水系统应完善,不得随意排放或直接冲刷边坡。

(7)边沟、排水沟施工放样一般以两个结构物之间的长度为一个单元,以确保边沟、排水沟与结构物的进出水口衔接顺畅。

(8)为防止边沟水流满溢或冲刷,应尽可能地利用当地的有利地形条件,在边沟上分

段设置出水口及时将水流排出路基外。三角形边沟每段长度不宜超过200m,多雨地区梯形边沟每段长度不宜超过300m,见图7.2.1-3。

(9)边沟采用浆砌片石铺筑时,砌缝砂浆强度应符合设计要求,砌缝砂浆应饱满,沟身应不漏水。

(10)排水沟距路基坡脚不宜小于2m。排水沟的出水口应用跌水和急流槽将水流引入路基以外或桥涵构造物。

(11)沟槽开挖至设计轮廓线时应留出5~10cm,由人工修整成形,确保边沟、排水沟的边坡平整、稳定,严禁贴坡。

(12)路堑边沟内侧墙和路堤拱形护坡拱顶墙,每隔50~70m应设20cm×20cm临时排水孔,排水孔底面应高于边沟底高程10cm,在凹形竖曲线低处应增设临时排水孔。

(13)施工期间永久性排水应与临时排水相结合,防止雨水冲刷;如路堑边沟每隔50m预留排水孔道,路堤每隔50m采用机砖砌筑宽0.7m临时流水槽与坡脚排水沟相连接,见图7.2.1-4。

图7.2.1-3 路面截水沟

图7.2.1-4 边坡临时排水

### 7.2.2 跌水、急流槽

(1)跌水的台阶高度应按设计或根据地形、地质等条件决定,多级台阶的各级高度可以不同,其高度与长度之比应与原地面坡度相适应,台阶高度应不大于0.6m,不同台阶坡面应上、下对齐。

(2)跌水可用浆砌片石或水泥混凝土浇筑,沟槽、壁及消力池的边墙厚度:浆砌片石为0.25~0.4m,混凝土为0.2m,高度应高出计算水位至少0.2m,槽底厚度为0.25~0.4m,出口设置隔水墙,并设消力槛。

(3)急流槽的基础应嵌入地面以下,其底部应砌筑抗滑平台并设置端护墙。

(4)急流槽分段砌筑时,每段长宜控制在5~10m,接头处应采用防水材料填缝,确保密实无空隙。

(5)急流槽宜砌成粗糙面,或嵌入约10cm×10cm坚石块,用以消能减小流速。

(6)对汇水面积较大的路堑边坡急流槽,应考虑加大、加深急流槽尺寸,并在底部设消能设施后,导入路基排水系统。

## 7.3 地下排水

**7.3.1** 在地下水位高、流量不大、引水不长的地段可设盲沟,其深度不宜超过3m,宽度一般为0.7~1.0m;地下水埋藏较深和引水较长地段,可设置有管渗沟,其深度可达5~6m。

**7.3.2** 各类渗沟均应设置排水层、反滤层和封闭层。

**7.3.3** 渗沟、盲沟的基坑开挖宜自下游向上游进行,应随挖、随即支撑或回填,支撑渗沟应间隔开挖。

**7.3.4** 当渗沟开挖深度超过6m时,须选用框架式支撑,在开挖时自上而下随挖随加支撑,施工回填时应自下而上逐步拆除支撑。

**7.3.5** 盲沟的埋置深度,不得低于原有地下水位的要求。当排除层间水时,盲沟底部应埋于最下面的不透水层上。

**7.3.6** 当采用无纺土工布作反滤层时,应先在底部及两侧沟壁铺好土工布,并预留顶部覆盖所需的土工布,拉直平顺紧贴下垫层,所有纵向或横向的接缝应交替错开,搭接长度均不得小于30cm。

**7.3.7** 盲沟的底部和中部用较大碎石或卵石(粒径30~50mm)填筑,在碎石或卵石的两侧和上部,按一定比例分层(层厚约150mm)较细颗粒的粒料(中砂、粗砂、砾石),做成反滤层,逐层的粒径比例按4:1递减。粒料小于0.15mm的含量不应大于5%。在盲沟顶部做封闭层,应用防渗材料铺成,夯实黏土防水层厚度不小于0.5m。

**7.3.8** 渗沟的出水口宜设置端墙,端墙下部留出渗沟排水通道,端墙排水孔底面距排水沟沟底的高度不小于0.2m。

**7.3.9** 填石盲沟适用于渗流不长的地段,且纵坡不能小于1%,宜采用5%,出水口的底面高程,应高出沟外最高水位0.2m。

# 8 防护与支挡工程

## 8.1 一般规定

**8.1.1** 防护工程应按照"安全稳定、植物防护为主、圬工防护为辅"的原则实施。边坡防护应优先采用植物防护，必须采用工程防护时，应采用工程防护和植物防护相结合的方式。

**8.1.2** 砌体用砂浆必须集中拌和，拌和采用能够准确计量的强制式搅拌机，且应随拌随用，砂浆必须在初凝前使用，已初凝的砂浆必须废弃。

**8.1.3** 路堑开挖与防护工程应同步实施，开挖一级防护一级。风化泥页岩、千枚岩或膨胀土边坡开挖后，应及时防护，并做好排水设施。

**8.1.4** 高度小于20m的石质边坡，防护时宜选用主动柔性防护形式；高度大于20m的石质边坡，防护时宜采用被动柔性防护形式。

**8.1.5** 防护工程采用的混凝土构件应集中、工厂化预制。

**8.1.6** 黄土高边坡应按"多台阶、陡边坡、宽平台、固坡脚"的原则进行防护，见图8.1.6；膨胀土高边坡应按"缓边坡、宽平台、固坡脚"的原则进行防护，其综合坡率应满足稳定性要求。

**8.1.7** 路堑段支挡工程基础开挖应分段进行。路堤段支挡工程施工与路基填筑应同步实施。

图8.1.6 黄土地区多台阶边坡防护

**8.1.8** 挡墙工程泄水孔数量、位置及排水坡度应符合实际需求。

## 8.2 边坡工程防护

**8.2.1** 边坡工程防护类型、方法较多，实施时应按照设计文件的要求，紧密结合边坡的稳固,严格施工工艺,达到稳定边坡、预防灾害、减少水土流失的效果。

(1)施工前应对设计文件提出的方案现场核查,结合当地类似工程经验,对设计方案进行优化、完善,选择较为成熟、经济合理、施工简单、利于环保的方案。

(2)边坡防护应积极推行预制构件施工方式,尽量减少浆砌、现浇混凝土施工方案。所有预制构件需集中预制。

(3)集中预制构件应使用高强塑料模具,采用振动台法成形试件,并做好养生工作。

(4)预制构件在运输、安装过程中应采用机械吊装、运输方式,不宜人工搬运。

(5)边坡防护工程实施时应严格按照施工技术规范的要求,控制工艺和过程,满足设计要求,施工质量符合验收标准,达到形状美观、自然协调的效果。

(6)施工过程中应做好排水设施,保障排水畅通,具备条件时及时完成排水设施的施工。

### 8.2.2 浆砌片(块)石骨架坡面防护

(1)路堤边坡防护在完成刷坡后应由下往上分级砌筑施工。路堑边坡防护应根据开挖情况由上往下分级防护,开挖一级防护一级。见图8.2.2-1和图8.2.2-2。

(2)浆砌护坡施工前,须清理坡面,达到平整顺适。

(3)砌筑石料表面应干净、无风化、无裂缝和其他缺陷,石料应符合规范要求。砌筑时石料应大面朝下、平铺卧砌,坡脚坡顶等外露面应选用较大的石料,并加以修整。

图8.2.2-1 多台阶边坡骨架防护

图8.2.2-2 路堑边坡骨架防护

(4)浆砌片(块)石应分层砌筑,一般砌石顺序为先砌角石,再砌面石,最后砌腹石。

(5)砌筑片(块)石时,需注意利用片(块)石的自然形状,使其相互交错衔接在一起,石块应大小搭配、相互错叠、咬接紧密。

(6)采用座浆挤浆法砌筑时,砂浆应饱满密实,做到坡面顺适、勾缝平顺、养生及时。

(7)路堤边坡铺砌,垫层应与铺砌层配合施工,随铺随砌;铺砌时应分段施工,按图纸要求设置伸缩缝,在基底地质有变化处应设置沉降缝,也可将伸缩缝与沉降缝合并设置。泄水孔的位置、反滤层设置须符合设计要求。

(8)骨架防护砌筑完成后,应及时进行坡面绿化施工。

(9)对软弱地基段落,路堤边坡浆砌片(块)石施工须在路基沉降稳定后实施。

(10)在坡面防护完成前应采取临时防、排水措施,确保坡面稳定。

### 8.2.3 混凝土预制块坡面防护

(1)混凝土预制块应统一集中预制。同一分项工程宜使用同一厂家或同一料场的水泥、粗(细)集料等材料,确保混凝土颜色一致。

(2)预制模具应使用不易变形的塑钢模,每循环一次应进行检查,确保预制块规格一致。

(3)预制块制作时,将模具摆放平稳,涂抹脱模剂,先往模具内加1/2的混合料,振捣密实后再加满混合料继续振捣直至密实为止。

(4)预制块浇筑完成并抹平顶面,待混凝土终凝后及时养生;脱模时应避免发生缺边、掉角、开裂的现象,脱模完成后及时清理模具以便下次使用。

(5)成型后的预制块要堆放整齐并及时养生,养生期一般不少于7d。

(6)预制块的混凝土强度达到设计要求后方可进行安装,运输过程中应轻装轻卸,避免损坏。

(7)安装前应进行平面位置、坡度和高程的施工放样,以保证预制块的安装质量和外观效果。

(8)预制块基槽底部和后背填料应夯实,安装时注意线形和高程的调整,做到安砌稳固、顶面平整、缝宽均匀、线条顺直、曲线圆滑美观,完工后及时做好现场清理工作,空心预制块安装完成后应及时进行回填土、绿化及美化等工作,见图8.2.3-1和图8.2.3-2。

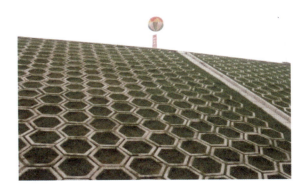

图8.2.3-1 六角砖预制块防护　　　　　图8.2.3-2 六角空心砖预制块防护

### 8.2.4 现浇混凝土坡面防护

(1)混凝土骨架护坡施工前,须清理坡面,达到平整顺适。

(2)根据路基边坡长度、坡度、坡顶面形状准确测放骨架位置,经验收合格后方可进行基槽开挖。

(3)现浇混凝土骨架应分段施工,骨架基槽采用人工从上往下开挖,不得欠挖,若超挖应用同级混凝土回填。基槽完成后及时进行构造锚杆安设,不得有松土留在基槽内,基槽暴露时间不宜太长。

(4)严格控制模板安装质量,采取混凝土垫块等措施确保钢筋保护层厚度。

(5)混凝土采用集中厂拌,坍落度宜控制在 3~5cm。混凝土浇筑由下而上,采用插入式振动器振捣密实,人工抹平收浆。

(6)骨架混凝土终凝后应及时覆盖洒水养生,养生期一般不少于 7d。

(7)混凝土养生结束后应及时进行绿化、美化。

### 8.2.5 主动柔性防护

1)施工流程

施工流程见图 8.2.5-1。

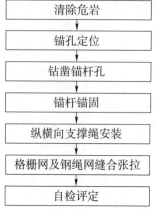

图 8.2.5-1 主动柔性防护施工流程

2)施工要点

(1)锚孔定位前应对坡面防护区域的浮土及浮石进行清除。

(2)从防护区域下沿中部开始向上和两侧放线测量确定锚杆孔位,见图 8.2.5-2 和图 8.2.5-3。

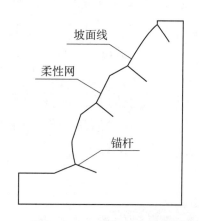

图 8.2.5-2 主动防护示意图

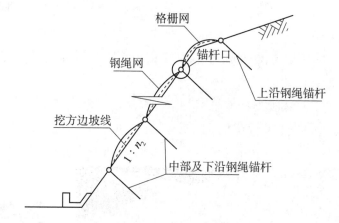

图 8.2.5-3 典型断面

(3)钻凿锚杆孔并清除孔内粉尘,孔深应比设计锚杆长 5cm 以上,孔径不小于设计要求。当受凿岩设备限制时,构成每根锚杆的两股钢绳可分别锚入两个锚孔内,形成人字形锚杆,两股钢绳间夹角为 15°~30°,以达到同样的锚固效果。

(4)注浆并插入锚杆,采用强度等级不低于设计强度的水泥砂浆,优先选用粒径不大于 3mm 的中细砂,确保浆液饱满。注浆体养生不少于 3d。

(5)安装纵横向支撑绳,张拉紧后两端各用 2~4 个(支撑长度小于 15m 时为 2 个,大于 30m 时为 4 个,其间为 3 个)绳卡与锚杆外露环套固定连接。

(6)格栅网应从上向下铺挂,格栅网间重叠宽度应不小于 5cm。格栅网与支撑绳间用 $\phi 1.2$ 铁丝按 100cm 间距进行扎结;钢绳网应从上向下铺设,缝合绳为 $\phi 8$ 钢绳,每张钢绳网均用缝合绳与四周支撑绳进行缝合并预张拉,缝合绳的两端各用 2 个绳卡进行固定连结,见图 8.2.5-4。

(7)路基边沟平台及边坡碎落台,可种植藤本植物进行绿化、美化。

### 8.2.6 被动柔性防护

#### 1）施工流程

施工流程见图 8.2.6-1。

图 8.2.5-4 主动柔性防护工程

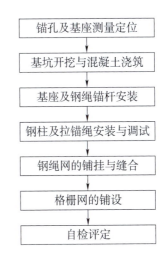

图 8.2.6-1 施工流程

#### 2）施工要点

（1）按设计并结合现场地形情况对钢柱基础和锚孔进行测量定位。

（2）坚硬地质采用 A 类锚固，松软地质采用 B 类锚固，见图 8.2.6-2。

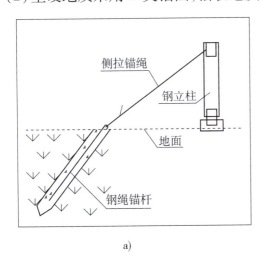
a)

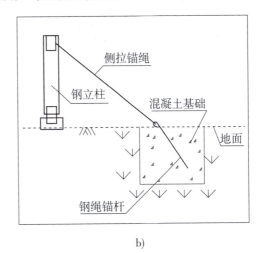
b)

图 8.2.6-2 被动柔性防护
a) A 类锚固；b) B 类锚固

（3）将基座套入地脚螺栓并用螺帽拧紧。

（4）将钢柱顺坡向上放置并使钢柱底部位于基座处，按设计方位调整好钢柱，拉紧上拉锚绳。

（5）将第一根上支撑绳的挂环暂时固定于端柱（分段安装时为每一段的起始钢柱）的底部，调直支撑绳，并将减压环调节就位。在第二根钢柱处，用绳卡将支撑绳固定悬挂于挂座的外侧。在第三根钢柱处，将支撑绳置于挂座内侧。直到本段最后一根钢柱将支撑绳向下绕至该钢柱基座的挂座上,调整减压环位置,当确认减压环全部正确就位后拉紧支撑绳并用绳卡固定。

(6)将第一根下支撑绳的挂环挂于钢柱基座的挂座上,调直支撑绳并放置于基座的外侧,减压环调节就位。在第二个基座处,用绳卡将支撑绳固定悬挂于挂座的外侧;在第三个基座处,将支撑绳放在挂座内下侧,按此顺序安装支撑绳直至最后一个基座并将支撑绳缠绕在该基座的挂座上,检查减压环位置,拉紧支撑绳并用绳卡固定。

(7)按上述(5)、(6)步骤安装第二根下支撑绳,但反向安装,且减压环位于同一跨的另侧。在距减压环约40cm处用一个绳卡将两根底部支撑绳相互并结,如此在同一挂座处形成内下侧和外侧两根交错的双支撑绳结构。

(8)钢绳网采用钢丝绳穿越网孔,固定在临近钢柱的顶端,并悬挂于上支撑绳。将缝合绳按单张网周边长的1.3倍截断,并在其中点出标记。钢绳网缝合从系统的一端开始,并先与上支撑绳缝合后与下支撑绳缝合,最后使左右侧的缝合绳端头重叠100cm。

(9)格栅网应铺挂在钢绳网的内侧即靠山坡侧,叠盖钢绳网上缘并折到网的外侧15cm,用扎丝将格栅网固定到钢绳网上,扎结点间距不大于100cm,每张格栅间重叠约5cm。格栅网底部应沿斜坡向上敷设50cm左右,并用土钉将格栅网底部压住,见图8.2.6-3。

图8.2.6-3 被动柔性防护工程

### 8.2.7 边坡锚固防护

1)施工流程(图8.2.7)

2)施工要点

(1)成孔

①施工脚手架应满足相应承载能力和稳固条件,根据测放孔位准确安装固定钻机,钻孔纵横误差不得超过±5cm,高程误差不得超过±10cm,钻孔倾角和方向应符合设计要求。

②宜采用潜孔钻机或锚杆钻机冲击成孔。在岩层破碎或松软饱水等地层中应采用跟管钻进技术。

③应采用无水干钻,钻孔速度应严格控制,防止钻孔扭曲和变径。应注意岩芯的拾取,并尽量提高岩芯采取率,锚固段必须进入中风化或更坚硬的岩层。

④做好现场施工记录。如遇塌孔等时应进行固壁灌浆处理后,重新钻进。

⑤钻进达到设计深度后,稳钻1~2min,防止孔底沉淀。原则上要求使用高压空气(风压0.2~0.4MPa)将孔内岩粉及水体全部清出孔外。

⑥钻孔完成经检验后,应在24h内及时安装锚筋体并注浆。

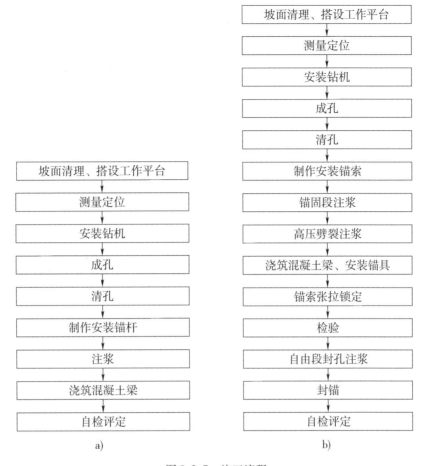

图 8.2.7 施工流程
a)锚杆锚固施工流程;b)预应力锚索锚固施工流程

(2)锚索制作与安装

①锚索制作。制作前应清除钢绞线表面的污渍、锈迹等。下料长度应大于设计长度1.5m,用砂轮机切割。锚索编束应在专门的加工厂或钻孔现场的加工棚内进行,应保证钢绞线从孔口到孔底排列平顺,防止钢绞线交叉。锚索编束时应将一次注浆管同锚索一起绑扎牢固,在管底50cm的长度内割开3~5个出浆孔,用胶带临时密封,注浆管应超出孔口外不小于1.0m。采用二次劈裂注浆时,将二次注浆管穿在锚索中间,而将一次注浆管绑扎在锚索外部并捆扎牢固。注浆管在锚固段范围内每间隔10cm钻$\phi 5mm$的出浆孔,出浆孔呈螺旋状布置。

②锚索防腐一般处理。锚索制作后,应检查外观质量、根数、长度、牢固程度、防腐密封性、注浆管路畅通性等。经验收合格的挂牌标识待用。锚索防腐等级应根据锚索的设计使用年限和所处的地层有无腐蚀性确定。锚索应随时制作随时使用,不宜长期存放。

③锚索自由段防腐处理。第一层在钢绞线表面均匀地涂刷防腐油漆,第二层在油漆面层均匀地涂抹一层专用防腐油脂,第三层在钢绞线外套防护管。防护套管不得有接头,自由段与锚固段分界处的端头必须密封严实,密封可用胶带缠3~5层,也可用18号火烧丝绑扎。自由段应安装聚乙烯材料类的对中架,对中架沿锚索轴线方向每隔2.0m,水泥浆保护层厚度不小于20mm。

④锚索锚固段防腐处理。在锚索头部安装导向头,使锚索与土层隔离,并保护注浆管不被孔底泥土堵塞。交错安装扩张环和箍环使锚固段钢绞线形成葫芦状,沿锚索轴线方向间隔1.0m,并在锚固段外包裹一层孔眼为10mm×10mm的钢绳网。

⑤锚索运输、安装。采用机械吊装应注意各支点间距不宜大于2m。锚索安装采用人工推送,用力要均匀一致,不得使锚索体转动、扭压、弯曲。预留锚索张拉工作长度从张拉面起计算不小于1.2m。当锚索入孔困难造成损坏的,应重新制作验收合格后再安装入孔。当锚索倾角大于30°时,应采取措施将锚索固定。锚索入孔后应及时注浆充填,对成批进行注浆的,应对未注浆的锚索孔口临时封堵,防止钻渣及泥水进入孔内。

(3)注浆施工

①水泥为普通硅酸盐水泥,水灰比宜为0.40~0.45,注浆压力以0.4~0.8MPa为宜。搅拌后的泌水率宜控制在2%,最大不超过3%。浆液应用机械拌制,达到均匀、稳定的要求。

②因特殊原因要求速凝时,可以掺入对预应力钢绞线无腐蚀作用的速凝剂或其他外加剂,其品种与用量由试验确定。

③锚孔浆液容量一般取设计用浆量的120%~130%,裂缝发育和存在溶洞时将会超注,应采取特殊措施加以控制。

④注浆过程中应认真排除孔内的气、水,注浆作业应连续紧凑,不得中断。采用孔底注浆、孔口返浆方式,浆体终凝前不得挠动锚筋体。

⑤如遇孔道阻塞须更换注浆口,应将第一次注入的水泥浆排出,以免两次注入的水泥浆之间有气体存在。锚索入孔后6h内必须注浆,当有地下水、成孔后4h内不能下锚时,应在下锚前重新洗孔,速洗、速设锚、速注浆。锚索注浆时,应等待锚孔水泥浆面稳定后停注,不稳定时,应继续缓慢加压注浆,不稳定不得停注。在注满孔道并封闭排气孔后,宜再继续加压至0.5~0.6MPa,稍后再封闭注浆孔。注浆过程中需缓慢搅拌浆液,一直到注浆结束。

(4)张拉

①锚具的型号和规格应根据设计的要求选用。并符合国家标准。

②锚索张拉应采用穿心千斤顶,应用百分表(磁性表座固定)测读变形量,张拉前先对张拉设备进行标定。锚固段、承压台(或梁)等混凝土构件强度达到设计要求,操作人员经技能培训,持证上岗,熟悉设计文件,操作要领,并进行了技术交底后方可张拉。

③张拉前应确认锚具、千斤顶、油压表等张拉设备安装牢固,运转正常。

④锚索张拉应分级进行,通常采用5级,分级荷载为0.2Nt、0.4Nt、0.6Nt、0.8Nt、1.0Nt(Nt为设计张拉荷载),每级加载至分级值后,持荷稳压至少5min,测读3次千斤顶的伸长量、框架(地)梁体的位移量,读数准确到0.2mm,并如实记录测读数,记录每级荷载与锚索位移的关系。

⑤锚索超张拉值通常取设计拉力的105%~110%,最大不宜超过115%。

(5)锚孔封锚

①锚索张拉结束,应对锚索长度、抗拔力进行检测,验收合格后方可按照设计要求进

行封锚工作。

②须用机械切割余露锚索,严禁电弧焊或氧焊切割,并应留长 5~10cm 外露锚索。最后用水泥净浆注满锚垫板及锚头各部分空隙,并按设计要求封锚处理。

## 8.3 边坡植物防护

### 8.3.1 施工要点

1)植物选择

本着满足"稳定边坡,保持水土,融合自然"的原则,尽量选用根系发达、易成活、易生长、抗病虫的乡土植物,在气候湿润的南方地区,宜采用草、灌、乔三层结构进行人工植被恢复,实现植物搭配立体化,绿化效果生态化的目标。在干旱、半干旱地区,多选用耐旱性强的草本植物,以及灌木搭配种植。

2)坡面清理

为了能融合自然,应对边坡的坡顶及坡脚进行圆弧化处理,避免人工开挖的折角存在,边坡两侧应进行衔接过渡处理,使其与周边自然地形连成一体,自然过渡。坡面应回填到位,使坡面大面平整、排水顺畅。

3)种子质量标准

根据设计调查,确定拟选择的优势植物种类和配比,并结合种子千粒重、发芽率、发芽速度、苗木生长速度、边坡的岩性和坡率等确定边坡绿化植物的种类、数量。种子质量不应低于二级质量标准,如自行采集的乡土树种、乡土草种在使用前必须进行发芽试验以确定合适的播种量。

4)植物配比试验

选择不同环境条件有代表性地段的边坡进行植物配比试验,选用多种植物配比方案进行对比试验、观测,筛选出分别适应于不同气候段、不同坡面土壤条件、景观要求,且满足目标群落(如灌草丛、常绿阔叶混交林、针阔混交林等)的各类边坡最优植物配比方案。

### 8.3.2 直播法

1)撒播、点播

(1)按照设计要求放线。

(2)每平方米挖 4~6 穴,按丁字形开挖,穴深 3~5cm,穴宽 10~15cm,见图 8.3.2-1。

(3)绿化材料的混合:种子经催芽处理后即与肥料按 1∶2 的体积充分混合,并搅拌均匀。

(4)将混合后的种子和肥料一次性点播到种植穴内,每穴点播种子 5~10 粒。

(5)种子点播结束后,及时对种植穴覆盖表土,一般覆土厚度为 2~3cm。

(6)浇水要均匀,同时水量不宜过大,可多次反复浇灌。

2)铺植草皮

(1)边坡平缓处采用平铺。较高较陡处采用钉铺,即自坡脚处向上钉铺,用小尖木桩或竹签将草皮钉固于边坡上。

（2）绿地草坪整体图案应美观。草坪应无杂草、无枯黄、无明显病虫害，无连续 0.5m² 以上空白面积，见图 8.3.2-2。草坪成活率应≥95%。

（3）养护时间以坡面植被生长情况而定，一般不少于 45d。养护期间加强病虫害防治，并根据植物生长需要及时施肥，对稀疏无草区进行补种。

（4）洒水养护应用高压喷雾器使养护水成雾状均匀地湿润坡面，避免射流水冲击坡面形成径流。

图 8.3.2-1　点播绿化效果

图 8.3.2-2　铺草坪边坡绿化

### 8.3.3　喷播

（1）清理坡面。边坡修整后凸出或凹进均不应大于 10cm。不利于草种生长的坡面应回填改良客土，厚度不小于 10cm，并用水润湿让改良客土自然沉降至稳定。

（2）可采取客土喷播或液压喷播的施工方法。将客土、水、木纤维、草籽、黏合剂、保水剂等按照规定程序加入罐内搅拌，持续搅拌 5~10min。喷播时，由高向低进行喷播，喷洒幅宽 5~6m，幅高 1m，喷播接茬时应压茬 40cm。喷播的混合浆体应当具有良好的附着力及明显的颜色，喷射面不遗漏、不重复且均匀。

（3）喷播后应及时覆盖无纺布，坡顶延伸 30cm 用土压住，两幅相接叠加 10cm，用竹筷或 8 号铁丝做成的"U"形钉按间距 100cm 进行固定。

（4）喷播后应加强绿化坡面管理，适时适度喷水、施肥，加强病虫防治工作。草长到 5~6cm 时，揭去无纺布，根据出苗的密度进行间苗、补苗。

### 8.3.4　三维网植被绿化

（1）清理坡面碎石和塑料垃圾等，将粒径超过 20cm 的土块打碎，使其有利于有机基材和坡面的紧密结合。

（2）按照坡面纵向间距 20cm 开挖 3~5cm 深平行横沟。

（3）将各种物料在现场进行拌和，铲入湿喷机的搅拌罐中，加入水后机械混合搅拌至少 5min，喷射宜从正面进行，厚度应均匀。

（4）每平方米灌木种子播种量为 30~50g。按比例放入液压喷播机加入水、木纤维、黏合剂、保水剂、肥料搅拌均匀后喷播。

（5）三维网在坡顶延伸50cm埋入截水沟或土中，然后自上而下平铺到坡脚，网间平搭、紧贴坡面，无褶折和悬空现象。

（6）固定三维网

①填方边坡：选用$\phi 6$钢筋和8号铁丝做成的U形钢钉进行固定，在坡顶、搭接处采用主锚钉固定，坡面其余部分采用辅锚钉固定。坡顶锚钉间距为70cm，坡面锚钉间距为100cm。

②挖方边坡：主锚钉选用$\phi 8$钢筋做成的U形钢钉，辅锚钉选用$\phi 6$的U形钢钉，在坡顶、搭接处采用主锚钉固定，坡面其余部分采用辅锚钉固定。坡顶锚钉间距50cm，坡面锚钉间距100cm。

（7）喷播种子后，及时用无纺布覆盖好，然后用8号铁丝做成的U形钢钉进行固定，固定间距为100cm。当幼苗植株长到6～7cm，揭去无纺布。

### 8.3.5　土工格室绿化

（1）清除坡面浮石、危石后，人工修坡。

（2）在坡面上按设计的锚杆位置放样，锚杆安设完成后，即悬挂土工格室，注意各单元间的连接，使土工格室张开贴紧坡面，并设置混凝土锚锭块。

（3）土工格室固定好后即可向格室内填充客土。客土应尽量选择种植土，充填前可适当湿润土体使之成团有利于施工（图8.3.5）。充填时可自下而上逐层进行，应使每个格室中的客土密实、饱满，并低于格室表面1～2cm。

（4）按设计比例配合草种、木纤维、保水剂、黏合剂、肥料、染色剂及水的混合物料，并通过喷播机均匀喷射。

（5）喷播后及时用无纺布覆盖，按40cm×40cm的间距设置竹钉固定。

图8.3.5　回填客土施工后的效果

（6）根据植物生长需要及时追肥。草种发芽后，及时对稀疏无草区进行补播。

### 8.3.6　固化边坡绿化

（1）清理坡面、整平，按照设计图纸确定锚杆位置。

（2）安设锚杆，主锚杆为$\phi 16$、$L=100$cm螺纹钢筋，次锚杆为$\phi 12$、$L=50$cm螺纹钢筋，用早强水泥砂浆固定。

（3）将铁丝网沿坡面顺势铺设，拉紧网，铺整平顺后，用主锚杆与次锚杆将网从上至下固定，固定时，铁丝网与坡面保持5～7cm距离。主锚杆与次锚杆交错排列，间距为1.5m。

（4）种植基材的准备。根据现场实际情况，将种植土、腐殖土、复合肥、保水剂、固化剂等按比例配制并混合均匀。

（5）用干式喷浆机将基材分3～4次喷射，总厚度在8～10cm。为了防止开裂，合理控制喷射时间间隔,第一层喷射的厚度以2~3cm为宜,使改良土与施工面充分结合。

(6)基材喷射完成后,用液压喷播机将混有草种($8g/m^2$)的营养泥均匀喷射于有机基材上。

(7)覆盖无纺布,并定期进行养护,固化边坡绿化前后期效果见图8.3.6-1和图8.3.6-2。

图8.3.6-1 前期效果

图8.3.6-2 后期效果

## 8.4 支挡工程

### 8.4.1 浆砌片(块)石挡土墙

1)基坑开挖和检验

(1)基坑开挖应进行详细的测量定位并标出开挖线,做好施工区域范围的截、排水及防渗设施,边坡稳定性差且基坑开挖较深时,应分段跳槽开挖,并采取临时支挡防护或放缓坑壁边坡坡度。

(2)基坑开挖至设计高程,进行基底承载力及埋深检测,基底平面位置、断面尺寸、基底高程、埋深等满足设计要求,方可进行下道工序施工。若基底承载力不能达到设计要求,应报监理工程师进行变更设计处理。

(3)坑内积水应随时排干,确保基坑不受水浸泡。

2)挡土墙基础

(1)基础的埋深、几何尺寸应符合设计及规范要求。

(2)岩体破碎或土质松软、地下水丰富的地段,宜避开雨季分段施工。

(3)基础设计有倒坡时,应按设计一次开挖成形,不得欠挖和超挖填补。

(4)基础位于岩体斜坡上时,应清除表面风化层,横向凿成台阶,台阶的高宽比不得大于2:1,台阶宽度不应小于50cm;沿墙长度方向有纵坡时,应沿纵向按设计及规范要求凿成台阶。

(5)基础应设置伸缩缝和沉降缝,在地质变化分界处应增设沉降缝。

(6)砌筑第一层基础时,如基底为岩石时应先清洗、湿润基底表面,再座浆砌筑或浇筑混凝土。

3）挡土墙墙身

（1）浆砌片（块）石挡土墙砌筑时必须立杆或样板挂线，内、外坡面线应顺适整齐，逐层收坡，在砌筑过程中应经常校正线杆，以保证砌体各部尺寸符合设计要求。

（2）石料抗压强度不小于设计规定，石质均匀，无风化，无裂纹，镶面石外露面及两个侧面、上下面须修凿，做到缝宽一致、整齐美观。

（3）砌筑墙身时，应先将基础表面加以清理、湿润，采用座浆挤浆砌筑。若中断砌筑时，砌体的顶部不得用砂浆覆盖，砌筑继续砌筑施工时，应将砌层表面加以清理、湿润后再重新座浆。

（4）砌筑上层时，不应挠动下一层，不得在已砌好的砌体上抛掷、翻转和敲击石块。

（5）挡土墙应分段砌筑，分段位置宜在伸缩缝或沉降缝处，各段水平缝应一致，相邻分段的高差不宜超过120cm。

（6）在地质变化处必须设置沉降缝，伸缩缝和沉降缝要求垂直、上下贯通，不得错缝，缝隙用沥青麻絮等弹性材料填塞，深度为15cm。

（7）挡土墙在砌筑过程中，必须按设计要求设置泄水孔，并在墙背进水孔设置反滤层，第一排泄水孔应高于边沟底30cm，最低一排泄水孔应高出常水位30cm（图8.4.1-1）。为保证泄水孔有效，泄水孔宜采用PVC管埋置。

（8）砌体石块应互相咬接，砌缝砂浆饱满，砌缝宽度一般不大于3cm（浆砌块石），上下层错缝不小于8cm；砌筑时，一般应按先砌角石，再砌面石，最后砌填腹石的顺序进行（图8.4.1-2）。

（9）砌体砂浆强度达到设计强度的75%时，方可进行墙背回填。

图8.4.1-1 泄水孔设置

图8.4.1-2 挡土墙顶面应顺适

### 8.4.2 挂板式桩板墙

（1）桩基施工完成后，应将桩侧土体整平、夯实，做好临时排水措施，防止浸泡，脚手架应根据专项方案实施。

（2）根据设计要求，进行钢筋的制作及安装工作，竖向钢筋连接宜采用等强直螺纹连接。

（3）模板宜采用钢模，模板的强度和刚度满足设计和规范要求。采用对拉螺杆等措施对模板进行加固。

(4)应采用集中厂拌、串筒下料、分层浇筑、振捣,分层厚度不大于50cm,振捣时,振动棒应插入下一层5~10cm。混凝土应及时养护,养护时间不得小于7d。

(5)桩身混凝土强度达到设计强度的75%及以上,方可进行挡土板安装。

(6)挡土板安装过程中应按设计要求同步进行墙背回填,并设置排水设施。

## 8.5 抗滑桩

### 8.5.1 技术准备工作

(1)抗滑桩(图8.5.1)平面位置应按图纸放样,整平孔口地面,做好桩区地表截、排水及防渗工作。在雨季施工时,孔口应搭雨棚。

图8.5.1 抗滑桩

(2)孔口地面下0.5m内应先做好加强衬砌,孔口地面上加筑适当高度的围埝。做好桩孔内排水、通风、照明设备。

(3)设置好对滑坡变形、移动的观测设施,在滑体和建筑物上建立位移和变形观测标志。做好作业人员的安全防护技术措施,防止施工期间的突发事故。

### 8.5.2 挖孔

(1)相邻抗滑桩应跳桩位间隔开挖,跳桩位开挖应待桩身混凝土浇筑达到一定强度后再开挖相邻桩位。挖孔时应分节开挖,每节高度宜为0.6~2.0m,挖一节应立即支护一节。围岩较松软、破碎或有水时,分节应较短。分节不应在土石层变化和滑动面处,具体要求见表8.5.2。

抗滑桩开挖要求　　表8.5.2

| 序号 | 地质类别 | 每节开挖深度(m) | 说　明 |
| --- | --- | --- | --- |
| 1 | 扰动松散土或弃渣 | 0.6~1 | (1)含水地层灵活掌握;<br>(2)井口一节应高出地面0.3~0.5m |
| 2 | 中密土夹石 | 1~1.5 | |
| 3 | 密实黏土、砂黏土、夹卵石、碎石 | 1.5~2 | |

(2)孔下工作人员不宜超过2人,必须戴安全帽。随时测量孔下空气污染浓度,必要时应增设通风设施。孔下照明必须采用安全电压。

(3)出渣进料的升降设备,宜采用3~5kN(0.3~0.5t)的电动卷扬机,无条件时可采用人力绞车。

(4)井下爆破,孔深3m以内可采用火花起爆,大于3m宜采用迟发雷管电器引爆。爆破时孔口应上盖封闭,爆破后用高压风管吹风排烟,喷水降尘,15min后人员方可下井作业。

(5)施工过程中,因土层软弱、松散、地下水作用产生孔壁塌方时,护壁厚度、钢筋应适当加强,塌腔内使用同级混凝土填充。若塌方较严重时可采用钢护壁。

(6)井内人员上下用直径16~19mm的钢筋梯,每节长度2~4m,宽0.3~0.5m,使用时顶节插入预埋环中,其余逐级挂口,或分节扣挂于井壁预埋U形杆件上。

**8.5.3** 护壁浇筑前应清除孔壁上的松动石块、浮土。护壁厚度应符合设计要求。在地质松软破碎或有滑动面的节段,应在护壁内加强支护,并注意观察其受力情况。浇筑护壁混凝土时不得侵占抗滑桩截面空间。

**8.5.4** 浇筑桩身混凝土。钢筋笼宜采用工厂化制作,整体吊装或分节安装。灌注混凝土必须连续作业,浇筑混凝土时孔底积水不得超过5cm,必须采用振捣器捣实。

**8.5.5** 桩间支挡结构、排水、防渗等设施,均应与抗滑桩正确连接,配套完成。

# 9 路基整修

## 9.1 一般规定

**9.1.1** 路基工程已完工,上、下路基的施工便道已挖除,方可对路基工程进行整修。

**9.1.2** 路基工程施工过程中所产生的建筑垃圾清除完毕。

**9.1.3** 对路堤边坡的冲刷、路堑边坡的滑塌等病害的处置,应先开挖成台阶,再按路基施工要求分层夯实。

**9.1.4** 路基工程验收时路床顶面弯沉代表值不得大于设计值。对于填石、砂砾路基弯沉值不得大于100(单位0.01mm)。可采用承载板试验验证路基设计回弹模量。

## 9.2 路堤整修

**9.2.1** 施工流程(图9.2.1)

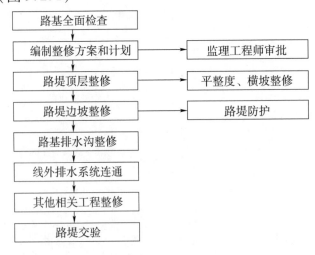

图9.2.1 施工流程

**9.2.2** 施工要点

(1)应用机械刮土或补土的方法整修成形,配合压路机碾压。石质路基表面应用石屑嵌缝紧密、平整,不得有坑槽和松石,不得薄层贴补(图9.2.2-1)。

(2)整修坡面需将超宽路基采用机械粗刷,人工刷坡到位(图9.2.2-2)。

图9.2.2-1　机械刷坡　　　　　　　　　图9.2.2-2　人工刷坡

(3)各种水沟的纵坡、断面尺寸应按设计图纸要求进行检查,采用人工进行整修使沟底平整,排水通畅,不得随意用土填补沟面缺损部位。

(4)通道、涵洞洞内清理及涵洞进出水口施工完善、排水顺畅(图9.2.2-3)。

 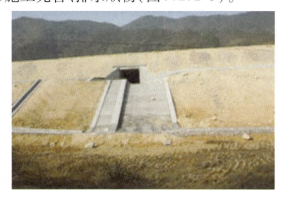

图9.2.2-3　涵洞出口设施完善

(5)测量放样,撒白灰标示出路堤两侧超填宽度,路堤顶面纵横向坡面高程采用埋砖法控制。

(6)路基表层松散的或半埋的尺寸大于100mm的石块,应从路基表面层移走,并按规定填平压实。

(7)路基修整完毕后,堆弃在路基范围内的施工垃圾应予清除。

## 9.3　路堑整修

### 9.3.1　施工流程(图9.3.1)

### 9.3.2　施工要点

(1)路堑边坡整修应按设计要求的坡度,自上而下进行刷坡,不得覆土贴补。

(2)在整修需加固的坡面时,应预留加固位置。当边坡受雨水冲刷形成小冲沟时,应将原边坡挖成台阶,分层填补、夯实。如填补的厚度很小时可用种植土填补。

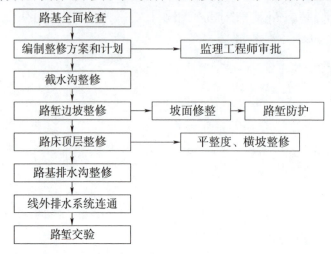

图 9.3.1 施工流程

(3)水沟的纵坡、断面尺寸按设计图纸要求进行检查,人工进行整修,不得随意用土填补沟面缺损部位。

(4)路堑边沟施工完成后,应对碎落台进行填土整平,按设计要求进行绿化(图9.3.2)。

图 9.3.2 碎落台绿化

(5)测量放样。对于土质或软石边坡可用人工或机械清刷,对于坚石和次坚石,可使用炮眼法、裸露药包法爆破清刷边坡,清除边坡上的危石、松石。

(6)土质路床顶面高程超出设计部分应用平地机刮除,石质路床顶面高程超出设计部分应用人工凿平,超挖部分应按照与原路床相同的材料回填并碾压密实稳固。

(7)修整的路基表层厚150mm以内,松散的或半埋的尺寸大于100mm的石块,应从路基表面层移走,并按规定填平压实。

(8)路基修整完毕后,堆弃路基范围内的施工垃圾应予清除。

# 10 路基重点工程监测与观测

## 10.1 一般规定

**10.1.1** 软土路基、高填路堤、高边坡、滑坡、预应力锚固工程等特殊工程必须进行施工过程和工后沉降监测,工后监测时间不少于 2 年或至工程稳定。

**10.1.2** 监测资料应定期进行收集整理、汇总分析,以指导施工和提供给相关单位作为评估的依据。在雨季、冬季不利季节应加大检测频率,发现问题及时处理。

**10.1.3** 路基监测过程中基准点应设置在稳定、不易变形的位置,对路基监测埋植的观测点应标记清楚,通视良好,管护到位。

**10.1.4** 路基监测可选择专业队伍负责。

## 10.2 软土路基

**10.2.1** 监测项目与仪器
监测项目、仪器名称、作用见表 10.2.1。

监测项目与仪器　　　　　表 10.2.1

| 监测项目 | 仪表名称 | 目的与用途 |
|---|---|---|
| 地表沉降观测 | 地表型沉降计（沉降盘） | 用于沉降管理。根据测定数据调整填土速率;预测沉降趋势,确定等载预压卸载时间;提供施工期间沉降土方量的计算依据 |
| 地表水平位移及隆起量 | 地表水平位移计（位移边桩） | 用于稳定管理。检测地表水平位移及隆起情况,以确保路堤施工的安全与稳定 |
| 地下土体分层水平位移量 | 地下水平位移计（测斜管） | 用于稳定管理与研究,掌握分层位移量,推定土体剪切破坏的位置 |

**10.2.2** 观测点设置
观测点的位置、数量及埋设按设计或合同文件要求布设(图 10.2.2)。

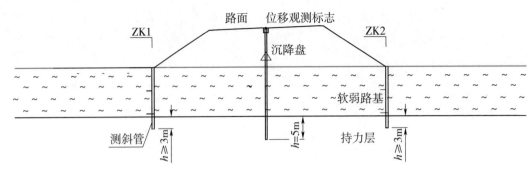

图 10.2.2 软基处理沉降盘、测斜管埋设图

### 10.2.3 监测频率

一般填筑一层应观测一次。如果两次填筑时间较长时,应 3d 观测一次。路基填筑完成后,堆载等预压期间一般每半月或每月观察一次,直至等载预压期结束。当路基稳定出现异常情况而可能失稳时,应立即停止加载并采取措施,待路基恢复稳定后,方可继续填筑。

### 10.2.4 施工中路堤填筑速率应满足以下检测结果要求:
(1)填筑时间不小于地基抗震强度增长需要的固结时间。
(2)路堤中心沉降量每昼夜不得大于设计值,边桩位移量每昼夜不得大于 5mm。

### 10.2.5 卸载时间确定

推算的工后沉降量小于设计容许值,连续 3 个月观测的沉降量单月不超过 5mm,方可卸载开挖路槽并开始路面铺筑。

## 10.3 路堑高边坡

### 10.3.1 监测项目及仪器(表 10.3.1)

路堑高边坡监测项目与仪器　　　　表 10.3.1

| 监测项目 | 监测仪器 | 目的与用途 |
| --- | --- | --- |
| 地表沉降量 | 全站仪、光电测距仪、水准仪 | 观测地表位移、变形发展情况 |
|  | 标桩、直尺或裂缝计 | 观测裂缝发展情况 |
| 地下位移监测 | 测斜仪 | 探测稳定地层的地下岩体位移,证实和确定正在发生位移的构造特征,确定潜在滑动面深度,判断主滑动面,定量分析评价边(滑)坡的稳定状况,评判边(滑)坡加固工程效果 |
| 地下水位监测 | 人工测量 | 观测地下水位变化与降雨关系,评判边坡排水措施的有效性 |
| 支挡结构变形、应力 | 测斜仪、分层沉降仪、压力盒、钢筋应力计 | 支挡构造物变形观测,构造物与岩体间接触压力观测 |

**10.3.2　观测点设置**

按设计或合同文件要求布设监测点的位置、数量。

**10.3.3　监测频率**

一般要求施工期间每三天监测一次,雨季应加密。施工结束后前三个月,每周监测一次,雨季期间加密;三个月以后每月监测一次。

## 10.4　高路堤

**10.4.1　监测项目与仪器(表10.4.1)**

高路堤监测项目与仪器　　　　　表10.4.1

| 监测项目 | 仪具名称 | 目的与用途 |
| --- | --- | --- |
| 地表水平位移量及隆起量 | 地表水平位移计(边桩) | 用于稳定监控,确保路堤施工安全和稳定 |
| 地下土体分层水平位移量 | 地下水平位移计(测斜管) | 用于稳定监控和研究,掌握分层位移量,推定土体剪切破坏位置 |
| 路堤沉降量 | 地表型沉降计(沉降板或桩) | 用于工后沉降监控,预测工后沉降趋势,确定路面施工时间 |

**10.4.2　观测点设置**

如图10.4.2-1和图10.4.2-2所示,数量及埋设按设计或合同文件要求。

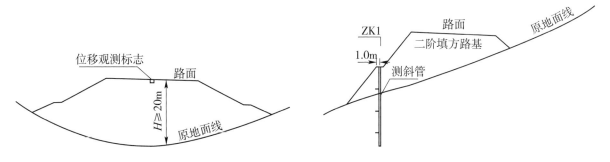

图10.4.2-1　高填方路基位移监测埋设　　　　图10.4.2-2　高填方路基测斜管埋设位置

**10.4.3　监测频率及要求**

监测过程中,如出现异常情况,应立即进行检查、处理。一般要求施工期间每三天监测一次,雨季加密。施工结束后前三个月,每周监测一次,雨季期间加密;三个月后每月监测一次。每次监测均应按规定格式作好记录,并及时整理、汇总分析监测结果,将其作为工程验收的资料归档。

## 10.5 预应力锚固工程

### 10.5.1 监测项目与内容(表10.5.1)

预应力锚固工程监测　　　　　表10.5.1

| 工作阶段 | 位　置 | 监测内容 | 监测项目 |
|---|---|---|---|
| 施工阶段 | 锚杆体 | 锚杆工作状态及锚杆的施工质量 | 锚杆张拉力;锚杆伸长值;预应力损失 |
|  | 锚固对象 | 加固效果 | 锚固体的位移及变化 |
| 运营阶段 | 锚杆体 | 锚杆的工作状态 | 预应力值变化 |
|  | 锚固对象 | 锚固工程安全状况 | 锚固体的位移及变化 |

### 10.5.2 观测点设置
按设计或合同文件要求埋设观测点的位置、数量。

### 10.5.3 监测频率
一般情况下,锚杆张拉锁定后第一个月内每日监测一次;2~3个月内每周监测一次;4~6个月内每月监测3次;7个月~1年内每月监测两次;1年以后每月监测一次。在监测过程中,如出现异常情况,应立即进行检查,处理完毕后,方能继续监测。监测成果及时整理,第一年内的监测成果作为工程验收的资料。

### 10.5.4 坡体位移监测
监测方法一般可分为简易观测法和专业仪器监测法。一般的高边坡可采用简易观测法;对于重点复杂的路堑高边坡或滑坡病害应采用专业仪器监测法。坡体深部位移监测期限一般为一年以上,其监测周期为每月一次,雨季或坡体变形较大等特殊情况应加密监测,坡体变形不稳定时应延长监测期限,直至坡体稳定、变形终止或在安全的限值范围内。

### 10.5.5 深部位移监测
(1)监测方法
采用测斜仪监测滑坡体深部位移。
监测频率:1次/月,施工期及雨季1次/旬,必要时加密监测。
监测仪器:测斜仪、高精度测斜管。
(2)监测点布置
在滑坡体范围内,根据实际滑动面的情况布设监测斜孔,其中在主滑方向布设3个点,形成沿主滑方向的监测线。孔位按设计要求布置。

（3）钻孔前需根据监测孔的位置和现场情况,将场地大致平整以便钻机安装和移位,整平场地符合要求后,即可测量布置孔位。

（4）采用工程钻探机进行钻孔,每10m多钻深0.5m,并以此类推,斜管应伸入稳定基岩下1.5~2.0m。

（5）钻到预定位置后,需把泵接至清水里并向下灌清水,直至泥浆水变成清水为止,再提钻后立即安装。

（6）测斜管需要逐根地连接到设计的长度,安装到位后,调正方向后才能回填。

## 10.6 地下水位

### 10.6.1 监测方法

采用水位计和孔隙水压力计监测地下水。

### 10.6.2 监测仪器与频率

监测仪器:水位计、振弦式孔隙水压力计。

监测频率:1次/月,施工期及雨季1次/旬,必要时加密监测。

### 10.6.3 监测点布置

在滑坡体不同部位,布设地下水位监测孔和孔隙水压力检测孔。通过监测滑坡内地下水位、水压力、水温等参数的动态变化,掌握滑坡体含水率等动态变化,分析地下水与大气降雨的关系,结合抗滑桩监测、滑坡位移监测,分析滑坡体的稳定性。

### 10.6.4 钻孔方法

将场地大致平整以便钻机安装和移位。开钻前先检验钻头直径,钻孔过程中不得采用泥浆固壁。

### 10.6.5 孔隙水压力计安装

最底部孔隙水压力计埋设高程应高于孔底50cm,埋设时先向孔内注入约30cm深的中粗砂,用尼龙绳或铅丝等将孔隙水压力计测头徐徐放入孔内,至测点预定高程,向孔内注入约40cm中粗砂。向孔内注入泥球封孔,并用测绳不断测量孔内泥球表面深度。当泥球封孔至第二支仪器埋设高程以下50cm时,按上述方法埋设第二支孔隙水压力计。按相同方法以此埋设第三支孔隙水压力计。

## 10.7 抗滑桩

抗滑桩的监测项目有桩顶位移监测、土压力监测、钢筋内力监测、混凝土应变监测及锚索载荷监测。选择有代表性的抗滑桩进行监测,通过监测能全面反映滑坡体的整体变形特性。抗滑桩监测项目监测频率见表10.7。

**抗滑桩监测项目监测频率表** 表10.7

| 监测项目 | 仪器埋设后的时段 | 埋设初期监测频率 | 施工期监测频率 |
|---|---|---|---|
| 钢筋应力 | 24小时内<br>5~15天<br>15天~1个月<br>1个月之后 | 3次/天<br>1次/天<br>1次/周<br>1次/月 | 1次/旬 |
| 混凝土应变 | 24小时内<br>5~15天<br>15天~1个月<br>1个月之后 | 3次/天<br>1次/天<br>1次/周<br>1次/月 | 1次/旬 |
| 土压力 | 24小时内<br>5~15天<br>15天~1个月<br>1个月之后 | 3次/天<br>1次/天<br>1次/周<br>1次/月 | 1次/旬 |
| 锚索应力 | 24小时内<br>5~15天<br>15天~1个月<br>1个月之后 | 3次/天<br>1次/天<br>1次/周<br>1次/月 | 1次/旬 |

# 11 取、弃土场

## 11.1 一般规定

**11.1.1** 在设计阶段,按照土石方平衡利用原则,尽量减少或避免取土、弃土。

**11.1.2** 取土场、弃土场的选址和规模,应进行深入论证,保障稳定。取、弃土场的设置位置应考虑对景观的影响,注意避让沿线风景区游人的可视范围,也应在司乘人员的视线范围以外。涉及占用林地的,预先办理临时用地使用林地手续。取土完成后,按照国土资源管理部门要求,做好场地覆土复耕或植被恢复。

**11.1.3** 按"因地制宜"原则,视地形条件就近消化弃土。弃土场宜选在山沟、凹地内,尽量少占或不占耕地、林地,禁止占用基本农田。

**11.1.4** 弃土场不应设置在河流管理范围内,严禁直接将弃渣倒入河流范围。路基上游、村庄上游、桥下等严禁设置弃土场,不宜在上游汇水面积过大的沟、谷内设置弃土场。

**11.1.5** 弃土场不宜占用沟渠,当必须占用时,应对沟渠进行改道,并设置防冲刷设施。

**11.1.6** 弃土应堆放规则,不得随意倾倒,按设计要求进行整平、分层碾压,并待沉降稳定后,及时进行排水、防护和绿化施工,防止次生灾害。

**11.1.7** 取土场的土源应进行相关试验,符合填料要求。

**11.1.8** 荒山、荒坡作为取土场时,应做整体规划,详细制订施工方案,按照用量科学取土,禁止滥挖。结束后结合当地造田和地方使用,形成轮廓美观、整齐的外形,便于复垦、绿化、防护。

**11.1.9** 路线两侧的取土场,应按设计规定的位置设置,取土深度根据用土量和取土面积确定。取土场应有规则的形状及平整的底部,不积水,便于复耕或绿化,边坡应按设计坡率修整。

**11.1.10** 弃土场宜按耕地要求进行整修,达到耕种条件的弃土场作为新造田地移交当地政府。

## 11.2 取土场

**11.2.1** 依据设计文件对取土场进行现场核查,核查土质是否符合要求,储存数量是否满足需求,对取土方案以及防护、排水工程进行完善、优化。

**11.2.2** 取土时应注意环境保护,取土后的裸露面应按设计采取土地整治或防护措施。风景区或有特殊要求的施工地段,应按设计要求及时完成环保工程。

**11.2.3** 取土场原地面属于耕地种植土的,应先挖出集中堆放,工程完工后恢复植被。

**11.2.4** 取土场应尽量利用荒山、山地,兼顾农田、水利建设和环境保护,力求少占耕地。

**11.2.5** 当设计未规定取土场位置或储土量不足需另寻土源集中取土时,土质应符合路基填筑要求,应综合考虑利用荒山、山地的可能性,兼顾农田、水利、鱼池等建设,力求少占用农田,见图11.2.5。

图 11.2.5 取土场复耕

## 11.3 弃土场

**11.3.1** 弃方为土时应与造地相结合,弃方为石质时应与覆土、复耕相结合,见图11.3.1。

图 11.3.1　弃土场的防护与整平

**11.3.2** 弃土场应符合设计要求并及时完成防护工程。

**11.3.3** 弃土场的位置与高度应保证路堑边坡、山体和自身的稳定,不得影响附近建筑物、农田、水利、河道、交通和环境等。必要时应加设挡护和排水措施。

**11.3.4** 弃土堆不得设置在路堑顶上方。

**11.3.5** 弃土场表面应覆盖不少于设计厚度的土,以便恢复植被。

**11.3.6** 弃土场的选择应符合下列要求:
（1）严禁在岩溶漏斗、暗河口、泥石流沟上游及贴近桥墩、台弃土、弃渣。
（2）沿河岸或傍山路堑的弃土,不得弃入河道、挤压桥孔或涵管口、改变水流方向和加剧对河岸的冲刷,必要时应设置挡护设施。
（3）严禁向江、河、湖泊、水库、沟渠弃土、弃渣。

# 附录 A　施工组织设计参考格式

一、工程概况

1. 当地气候、地质等条件。

2. 主要工程数量。

3. 合同工期及分阶段工期要求。

4. 工程项目的特点、难点。

二、开工前的准备工作

1. 设计文件的核查、优化。

在施工放样的基础上,结合地形、地貌实际,核对设计文件,提出优化、完善及修改建议,或批复的变更设计情况。

2. 各分项工程数量的核实、批复情况。

3. 材料、机械的准备情况。

4. 人员的培训及就位情况。

5. 试验室的建设和试验报告的批复。

6. 各分项工程施工方案、措施的确定。

7. 临时工程完成情况。

三、施工进度计划

1. 工程总体进度计划安排(进度图)。

2. 各分项工程详细进度计划(进度图)。

3. 各分项工程材料供应、人员到位、设备需求的具体安排。

四、质量控制措施

1. 质量责任体系的建立。

2. 过程控制及检查、验收制度。

3. 质量管理目标及具体措施。

五、安全生产

六、环境保护

七、应急预案

八、主要目标或成果

# 附录 B  试验项目及主要仪器

试验项目及主要仪器　　　　　　　表 B-1

| 试验项目 | 主要试验检测参数 | 所用的主要仪器设备 |
|---|---|---|
| 集料试验 | 1. 颗粒级配 | (1)标准筛;(2)摇筛机;(3)烘箱及天平 |
| | 2. 压碎值 | (1)石料压碎值试验仪;(2)压力机500kN;(3)天平 |
| | 3. 针片状 | (1)规准仪(或游标卡尺);(2)标准筛 |
| | 4. 砂当量 | (1)振荡器;(2)烘箱;(3)标准筛、秒表及试剂 |
| | 5. 含泥量 | (1)天平0.1g;(2)烘箱;(3)标准筛 |
| | 6. 石料强度 | (1)锯石机;(2)压力机2000kN |
| | 7. 冲击值 | (1)冲击试验仪;(2)天平;(3)标准筛 |
| | 8. 棱角性 | (1)细集料流动时间测定仪;(2)烘箱;(3)标准筛及秒表 |
| | 9. 云母含量 | (1)天平0.01g;(2)放大镜5倍 |
| | 10. 密度 | (1)天平;(2)烘箱 |
| | 11. 吸水量 | (1)天平;(2)烘箱 |
| 土工试验 | 1. 颗粒级配 | (1)标准筛;(2)摇筛机;(3)天平及烘箱 |
| | 2. 液塑限 | (1)圆锥仪;(2)天平;(3)标准筛(孔径0.5mm) |
| | 3. 密度 | (1)环刀(水罐、灌砂筒等);(2)天平;(3)烘箱 |
| | 4. 含水率 | (1)天平;(2)烘箱 |
| | 5. 承载比CBR | (1)路面材料强度仪;(2)百分表;(3)标准筛 |
| | 6. 击实试验 | (1)标准击实仪;(2)烘箱;(3)天平及标准筛 |
| | 7. 相对密度 | (1)比重瓶(浮力仪或物理天平);(2)烘箱;(3)温度计、天平、恒温水槽、抽气设备 |
| 水泥 | 1. 细度 | (1)负压筛;(2)天平 |
| | 2. 凝结时间 | (1)净浆搅拌机;(2)标准法维卡仪;(3)天平、秒表及湿气养护箱 |
| | 3. 安定性 | (1)雷氏夹;(2)沸煮箱;(3)雷氏夹膨胀值测定仪 |
| | 4. 密度 | (1)李氏瓶;(2)恒温水槽;(3)天平、温度计 |
| | 5. 比表面积 | (1)透气仪;(2)压力计;(3)抽气设备、天平及秒表 |
| | 6. 胶砂流动度 | (1)胶砂流动度测定仪;(2)胶砂搅拌机;(3)卡尺 |
| | 7. 胶砂强度 | (1)振实台;(2)胶砂搅拌机;(3)养护箱(温度20℃±1℃,相对湿度大于90%);(4)抗折试验机;(5)抗压试验机 |

续上表

| 试验项目 | 主要试验检测参数 | 所用的主要仪器设备 |
|---|---|---|
| 水泥混凝土 | 1. 抗压强度 | 压力试验机 |
| | 2. 抗折强度 | (1)压力试验机;(2)抗折夹具 |
| | 3. 配合比设计 | (1)混凝土搅拌机;(2)电子秤;(3)标养室 |
| | 4. 坍落度(稠度) | (1)坍落度筒(维勃稠度仪);(2)钢尺(秒表) |
| | 5. 含气量 | 含气量测定仪 |
| | 6. 混凝土凝结时间 | 水泥混凝土贯入阻力测定仪 |
| | 7. 抗渗性 | 水泥混凝土渗透仪 |
| | 8. 劈裂抗拉强度 | (1)压力试验机;(2)钢垫条(木制垫条);(3)钢尺 |
| | 9. 拌和物泌水率 | (1)试样筒;(2)天平;(3)捣棒、秒表 |
| 砂浆 | 1. 抗压强度 | 压力试验机 |
| | 2. 配合比设计 | (1)砂浆搅拌机;(2)养护室(水泥砂浆,温度20℃±2℃,相对湿度≥90%;或混合砂浆,温度20℃±2℃,相对湿度60%~80%) |
| | 3. 稠度 | (1)砂浆稠度仪;(2)秒表 |
| 无机结合料稳定材料 | 1. 含水率 | (1)烘箱(砂浴或酒精);(2)天平 |
| | 2. 击实试验 | (1)击实设备;(2)烘箱;(3)天平及标准筛 |
| | 3. 无侧限抗压强度 | (1)压力试验机;(2)路强仪;(3)天平、水槽及养护室 |
| | 4. 劈裂试验 | (1)压力试验机(路强仪);(2)天平、压条、水槽及养护室 |
| | 5. 配合比设计 | (1)击实设备;(2)压力试验机;(3)滴定管;(4)化学试剂、玻璃仪器;(5)天平 |
| | 6. 灰剂量 | (1)滴定管;(2)化学试剂、玻璃仪器;(3)天平 |
| | 7. 石灰有效钙镁含量 | (1)滴定管;(2)分析天平1/10 000;(3)烘箱50~250℃;(4)化学试剂、玻璃仪器 |
| | 8. 粉煤灰细度 | (1)负压筛;(2)天平 |
| 路基现场测试 | 1. 路基路面、构造物几何尺寸 | (1)钢尺;(2)全站仪;(3)水准仪 |
| | 2. 压实度 | (1)灌砂筒(取芯机、核子密度仪);(2)天平及烘箱 |
| | 3. 平整度 | 3m直尺、塞尺(自动平整度仪) |
| | 4. 弯沉 | 弯沉仪5.4m(或自动弯沉仪) |
| | 5. 水泥混凝土强度 | (1)回弹仪;(2)碳化深度仪 |
| | 6. 砌石工程常规试验检测 | (1)2m直尺;(2)全站仪;(3)水准仪;(4)经纬仪 |
| | 7. 地基承载力 | 承压板(静动力触探仪) |
| 钢材 | 1. 拉伸 | 万能材料试验机100~1 000kN、标距仪、游标卡尺 |
| | 2. 弯曲 | 万能材料试验机100~1 000kN |